交叉持股的
作用机理及经济后果

CROSS SHAREHOLDING:
MECHANISM AND ECONOMIC
CONSEQUENCES

陈其末 著

社会科学文献出版社
SOCIAL SCIENCES ACADEMIC PRESS (CHINA)

内容摘要

现代企业交叉持股制度产生半个多世纪以来，作为一种企业经济制度创新，曾经在现代经济社会企业经济发展过程中发挥了组织、协调、推进企业经济活动的积极作用，并且创造了巨大的经济效益；其对虚拟经济的过度推动也曾造成经济波动，扰乱经济发展秩序。交叉持股利与弊的双面效应在世界经济发展的历史舞台上有着充分的展现。现今，在经济全球化发展的大趋势下，有越来越多的企业通过交叉持股组建大型联合企业或企业集团联盟走出国门、跨越地域形成规模巨大的跨国公司和企业间网络，交叉持股制度在全球市场范围内起着配置资源、组织生产经营、协调利益分配、推动经济发展的作用，在新的资本组合、产权交叉、生产要素集结、平台共享、风险共担的基础之上参与国际竞争。经济发展事实证明，交叉持股制度仍然是一种生命力极强的现代企业制度，因而具有重要的研究价值。

首先，本书在对现代企业交叉持股制度的概念内涵、本质特征、基本类型概述的基础上，运用经济意识形态学理论分析了交叉持股制度形成和发展的历史背景、政治经济动因，阐述了交叉持股制度形成与发展的历史必然性、路径依赖性、制度内生性、经济实效性、创新适时性，明确指出交叉持股制度在不同国家的实施是受不同国家不同经济发展时期、不同文化传统的影响，是在不同的经济意识形态的反复较量之中发展变化着的。其次，分别以契约理论、委托代理理论、制度创新理论、企业间网络理论为分析工具，对交叉持股制度下产生双面效应的内在机理和经济后果、契约缔结特征、企业治理结构特点、制度创新意义进行了经济学理论分析，从不同的视角、不同的层面分析挖掘交叉持股的形成动力、发展演变、作用机理和经济后果。在充分肯定交叉持股制度有利于企业融通资金、运作资本、集结生产要素、改善产业布局、改变股权结构、分散经营风险、创造规模经济、防范恶意收购等正面效应的同时，指出其可能伴生的行业垄断形成、市场价格机制失灵、企业资本虚增、经济泡沫膨胀、诱发内幕交易、营造投机气氛、诱导机会主义等负面影响。再次，结合我国A股上市公司2007年至2010年的交叉持股数据，分别将交叉持股行为与交叉持股比例对企业的市场价值和实体经营业绩的影响进行回归分析，验证其相关性，实证检验我国交叉持股的经济后果。结果显示，交叉持股行为与公司的市场价值托宾Q在5%的置信水平下呈显著的正相关关系，说明进行交叉持股的上市公司的市场价值相比未进行交叉持股的上市公司的市场价值有显著的提高；交叉持股比例与公司市场价值在1%的水平下显著负相关，说明进行交叉持股比例高的上市公司的市场价值相比交叉持股比例较低的上市公司的市场价值有显著的下降；上市公司的交叉持股行为和交叉持股比例与上市公司的净资产收益率ROE并不显著相关，表明交叉持股行为和交叉持股比例与公司实际价值均不存在显著相关关系，说明交叉持股并不能有效地改善上市公司的实体经营基本面，也就意味着我国上市公司的交叉持股主要是短期松散型的财务投机行为，而非长期紧密型的战略投资行为。继而，在实证检验的基础上提出通过合理引导交叉持股使其发挥正面效应、回避负面效应促进社会经济发展的设想和建议。最后，从交叉持股的在国际竞争中的大量应用事实出发，强调了交叉持股制度在经济全球化进程中的重要作用和进一步研究交叉持股制度的意义。

Abstract

Cross – shareholding system, as an institutional innovation, has been played a positive role in organizing, coordinating and advancing the social economical development for about a half century. There is no doubt that cross shareholding has greatly accelerated the development of economic growth by enhancing the combination of business capital and the financial capital. Although there has been a period that cross shareholding was strongly criticized and restricted by government policy in some country, there is ample evidence that shows cross shareholding still actt as an important role in getting an advantage on the international competition. Under the current trend of economic globalization, an increasing amount of enterprises are constructing large joint enterprises or enterprise group unions by cross shareholding in order to gain an initiative in the global market.

This dissertation first retrospected on the origins and developments of cross shareholding in different countries, by putting it into the ideological sphere cross shareholding was examined from a macro perspective. Then theoretical analysis on the operational mechanism and economic consequences of cross shareholding was conducted from several perspectives respectively which include production function theory, contract theory, agent theory, institutional innovation theory and enterprises between network theory. Both the positive and negative effects of cross shareholding are illustrated in details. Accordingly empirical study which uses the panel data of cross shareholding of listed companies from 2007 to 2010 was conducted to reveal the actual characters of cross shareholding in China. Empirical study demonstrated that although the cross shareholding was significantly correlated with the market value of listed companies; it does not necessarily significantly correlated with the fundamentals of those companies. On the contrary, both the dummy variable of cross shareholding and the cross shareholding ratio are significantly correlated with the market value of listed companies. The dummy variable of cross shareholding and the company's market value Tobin Q are significantly and positively correlated at the confidence level of 5%, which illustrates that the market value of the cross – shareholdingcompanies are significantly higher than the market value of those companies which did not conduct crossshareh oding. Cross shareholding ratio and the company's market value is negatively correlation at the significance of 1%, which indicates that the market value of the listed company may decline as the cross shareholding ratio goes up. The study revealed that the purpose of the cross shareholding in the capital market in China is mainly speculative rather than strategic. Proper guidance of cross shareholding is urgently needed to promote it to play positive effects which will consequently lead to harmonious and healthy development of economy. Ample evidences of cross shareholding among multinational companies strongly demonstrated that cross shareholding is still bursting with vitality in the international competition. Finally, it was concluded that cross shareholding system will still play an important role in the process of the economic globalization. The significance on cross shareholding was highlighted and directions of further research were also suggested.

目 录

绪 论 ………………………………………………………… 1
 一 研究背景与意义 …………………………………………… 2
 二 研究思路与内容 ………………………………………… 15
 三 研究方法 ………………………………………………… 17
 四 本书的创新 ……………………………………………… 19

第一章 概念界定与文献回顾 …………………………………… 22
 一 交叉持股制度的含义 …………………………………… 22
 二 国内外相关研究述评 …………………………………… 32

第二章 交叉持股制度的历史演进与动因 ……………………… 42
 一 日本交叉持股制度的产生背景与成因 ………………… 42
 二 其他发达国家的交叉持股状况 ………………………… 56
 三 中国交叉持股制度的历史发展与现状 ………………… 59
 四 交叉持股制度形成和发展的经济意识形态分析 ……… 64

第三章 交叉持股制度的作用机理及经济后果 ………………… 77
 一 交叉持股制度的契约理论分析 ………………………… 77
 二 交叉持股制度的委托代理理论分析 …………………… 86
 三 交叉持股制度的生产函数理论分析 …………………… 99

· 1 ·

四　交叉持股制度的制度创新理论分析 …………… 108
　　五　交叉持股制度的网络经济学分析 …………… 124

第四章　中国上市公司交叉持股的经济绩效的实证研究 ……… 137
　　一　中国上市公司交叉持股制度的特征 …………… 137
　　二　中国上市公司交叉持股的经验证据 …………… 139

第五章　研究结论及研究展望 ………………………… 170
　　一　研究结论与局限性 …………………………… 170
　　二　未来研究展望 ………………………………… 177

参考文献 ………………………………………………… 186

后　　记 ………………………………………………… 195

Contents

Introduction / 1

    0.1   Research Background and Significance / 2

    0.2   Research Thought and Main Content / 15

    0.3   Research Approach / 17

    0.4   Main Innovative Points / 19

Chapter 1 Concept Definition Literature / 22

    1.1   Definition of Corporate Cross Shareholding / 22

    1.2   Literature Review / 32

Chapter 2 Historical Evolution and Motivation of Cross Shareholding / 42

    2.1   Background and Origin of Cross Shareholding in Japan / 42

    2.2   Present Situation of Corporate Cross Shareholding in Other Developed Countries / 56

    2.3   Historical Development and Present Development of Cross Shareholding in China / 59

    2.4   Economic Ideological Analysis on the Formation and Development of Cross Shareholding / 64

Chapter 3　The Mechanism and Economic Consequence of Cross Shareholding / 77

3.1　Contract Theory Analysis of Cross Shareholding / 77

3.2　Agent Theory Analysis of Cross Shareholding / 86

3.3　Production Function Theory Analysis of Cross Shareholding / 99

3.4　Institutional Innovation Analysis of Cross Shareholding / 108

3.5　Network Economics Analysis of Cross Shareholding / 124

Chapter 4　Empirical Study on the Panel Data of Cross Shareholding by Listed Companies in China / 137

4.1　Characteristic Features of Cross Shareholding by Listed Companies in China / 137

4.2　Empirical Evidence of Cross Shareholding by Listed Companies in China / 139

Chapter 5　Research Conclusions and Future Research Prospects / 170

5.1　Research Conclusions and Limitations / 170

5.2　Future Research Prospects / 177

Reference / 186

Postscript / 195

绪 论

现代企业交叉持股作为一种现代企业经济制度，从20世纪50年代产生以来一直受到企业家和经济学家重视。世界各国有越来越多的企业利用交叉持股方式组建大型企业集团、企业集团联盟或范围广阔的企业间网络，广泛参与市场竞争与合作，并且取得了明显的经济效应。半个多世纪以来，世界上很多经济学家对这一有生命力的企业经济制度进行过多角度的研究，而且产生了不少有价值的理论成果。随着经济全球化进程的深入，有更多的跨国界、跨地域的企业联盟和企业间网络通过交叉持股而形成和发展，在全球范围内发挥着对社会经济活动的组织、协调、整合、推进的积极作用，创造着巨大的经济效益和更多的社会财富，而且在资本联合、产权交叉、要素集结、经济实力扩充的前提下充分利用现代知识、信息、技术不断地创新经济制度和企业服务模式，为普遍提高人类生活水平和生活质量做出贡献。

然而交叉持股作为一种经济活动手段和企业经济制度，既有其正面的经济效应，也有其非效率的负面效应，因而可以说是组织企业经济活动的一把"双刃剑"。如何在经济全球化发展的新形势下充分利用这种制度，使其发挥更大的正面作用，同时尽量规避其负面效应，免致社会经济发展受损，是当代企业家和经济学家应该谨慎对待、深入研究的重要课题之一。

一　研究背景与意义

在经济全球化发展进程的新阶段，为了探索发达国家企业经济发展的新路径和发展中国家企业制度改革的便捷道路而深入研究日本和其他国家实施交叉持股制度的经验教训，探求交叉持股制度在世界经济发展中发生制度效能、发挥资源整合作用和产生经济效应的内在机理，是现代经济学者的历史性责任和义务。完成这一历史性研究任务，对现代经济社会的发展，特别是对后发展国家建立、健全和完善现代企业制度、建设和维护企业网络从而拓宽企业经济发展道路，奠定了坚实的经济发展基础，具有重要的现实意义和理论价值。

（一）研究背景

交叉持股制度这种现代企业之间常见的以资本联合为本质特征的企业经济制度安排，最早形成于第二次世界大战之后的日本。它是日本企业家和企业界的一种经济制度创新，是日本经济发展在"二战"后特定的社会政治经济环境条件约束下"被迫"创造出来的一种特殊的产业文化现象，也是日本现代企业家和现代工商、金融企业界对世界经济发展的一项具有特殊意义的关于企业产权制度的创新性贡献。这种企业经济制度安排所形成的以资本联系、所有权交叉纠结为核心的企业生产诸要素的集结或联合可以创造出显著的经济效益，而且在日本"二战"后的经济恢复时期在日本企业抵制和防范外国资本（主要是美国资本）的恶意收购、捍卫日本民族经济、促进日本国民经济迅速恢复方面发挥过很大作用，并且在日本从 20 世纪 50 年代起始的经济高速增长中创造了举世瞩目的经济成果。紧接日本之后，亚洲的一些国家和地区如韩国、新加坡、中国等地都先后以不同的方式在不同的程度上学习仿效日本的做法，建立并发展了各具特色的企业交叉持股制度，从而促进了这些国家和地区的企业集团、联合企业或企业联盟的形成和发展，并且明显地提高了这些大型企业的生产效率和国际竞争实力。因此，交叉持股制度引起了世界上更多国家的企业家和经济学者的高度重视，而且纷纷效仿并对其进行认真研究。

虽然巨型企业之间（特别是金融企业之间）的过度交叉持股会使虚拟经济过度膨胀而严重地脱离实体经济发展的支持，而且曾经在 20 世纪 80～90 年代催生日本经济泡沫和导致日本经济泡沫破裂方面起过推波助澜的作用，并且此后日本企业间的交叉持股开始出现份额缩减现象，但是这并不能说明交叉持股制度弊远大于利，甚至发展到了仅有负面效应而失去了生命活力的地步。实际上，日本部分企业减少相互持股份额只是减少了多余的部分而保留了相互支持所必须持有的份额，这是日本企业的一种"强体瘦身"的做法，并不是真正意义上的交叉持股的萎缩。事实恰恰相反，日本的企业交叉持股，特别是生产经营外向型的跨国企业同外国企业之间的交叉持股，不仅没有萎缩，而且一直都在发展。与此同时，其他国家的跨国企业在国际上利用交叉持股而广结国际战略联盟的实践也有新的发展。

例如，竞争激烈的现代汽车行业，长期以来一直都没有停止过运用交叉持股的方式来实现其在国际竞争中的生存和发展。1999年，法国雷诺汽车公司收购了日本日产公司44.4%的股份，日产持有雷诺15%的股份。2002年3月，雷诺与日产两大集团共同组建了雷诺－日产有限公司，双方各占50%的股份。2010年4月，雷诺－日产和德国戴姆勒公司在比利时首都布鲁塞尔签署协议，结成11年同盟关系。雷诺和日产分别持有戴姆勒公司1.55%的股权，戴姆勒公司则分别持有雷诺和日产3.1%的股权，三家联手在微型轿车和轻型商用车这两个细分市场上进行合作。[①] 再如，2011年1月，菲亚特汽车公司根据2009年菲亚特接手克莱斯勒时同美国财政部签订的协议条款，完成了对克莱斯勒股份5%的增持，其持股比例从20%升至25%。增持后，克莱斯勒依然是公司最大股东，持有63.5%的股份，菲亚特持有25%的股份，美国财政部保留9.2%的股份，加拿大政府持有2.3%的股份。[②] 这些事实说明，在世界性的汽车行业竞争中，通过交叉持股制度安排来增强公司的经济实力，扩大公司的网络关系和交易市场，对雷诺、日产、戴姆勒、菲亚特、克莱斯勒这样的大型跨国企业的生存、发展都具有非常重要的意义。

从20世纪末至今，在经济全球化迅速发展的背景下，世界上许多经济发达国家和发展中国家，有越来越多的巨型企业和巨型企业集团走出各自的国门，形成巨型跨国公司或跨国企业集团，积极参与更大范围、更深层次的国际市场竞争与合作，企业交叉持股制度在增强这些跨国企业集团的生产效率和经济实力、提升其国际竞争

[①] 罗仲伟：《全球汽车产业格局面临再洗牌》，《人民日报》2010年4月8日。

[②] 钟昆：《增持克莱斯勒，菲亚特即将发力？》，《成都商报》2011年1月24日。

能力、保护其各自的民族经济、维护其各自国家利益、促进世界性经济发展、提高世界性社会福利等方面具有非常值得重视的积极作用。因而交叉持股制度已经成为很多国家和企业界乐于选择的一种企业改革的政策取向和国际竞争与合作的方式与手段。许多国际商业谈判实践证明，企业如果适度地实行交叉持股制度并且恰当地利用交叉持股手段，就可能在国际竞争与合作中取得成功，否则便可能在竞争中失利。例如，2009年国际铁矿石谈判所显示的情况，就很能说明这个问题。具有交叉持股传统的日本钢铁行业，经过多次行业内部资源整合，资本集中的程度很高，企业的竞争实力很强，再加上各大钢铁企业间网络状的交叉持股安排，使它们的利益紧紧地捆绑在一起，因而在谈判过程中目标一致、声音统一，能够团结起来一致对外，坚定地维护其共同的利益，其参与谈判的优势非常明显，在谈判过程中往往处于主动的地位，因而也容易取得预期的结果。然而中国众多的大大小小的钢铁企业则各自独立、分散经营，相互之间没有实现实质性的经济结盟，不同的企业各有各的利益诉求，彼此利益不一致而声音不统一，使得中方在谈判中事先就处于不利地位。加之又是由与谈判结果没有直接利益关系的、组织松散的中国钢铁协会的缺乏经验的人员作为谈判代表，去跟国外实力雄厚的铁矿石供应商进行谈判，其结果是不难想象的事情。与此同时，日本钢铁行业还与国际上某些铁矿石供应商实行交叉持股，借此一方面减少了原材料价格上涨带来的经营风险，另一方面又分享了国际铁矿石原材料价格上涨带来的经济利益。由此可见，交叉持股仍然是现代企业（特别是跨国企业）参与国际竞争与合作的一种有效手段，因而还是一种有生命力的制度安排。至于交叉持股在催生经济泡沫和吹破经济泡沫的过程中起过推波助澜作用，那是交叉持股制度的工具性表现，并不是交叉持股制度内生的必然结果。

如同任何工具都有正反两方面作用一样，任何社会经济制度也都有其优势和缺陷。交叉持股制度作为一种企业经济制度在被用于创造企业经济效益的过程中，既有其值得重视的积极作用，也有其不容被忽视的弊端。它可能引致积极的经济后果，也可能引致消极的经济后果。人们应该研究的是制定合适的政策，适度安排交叉持股制度而趋利避害的问题，而不是因噎废食取消交叉持股的问题。

众所周知，生产要素的投入组合状况决定着企业的绩效。在社会制度环境和其他生产条件确定的情况下，追加资本的形成与资本投入的速度往往是决定企业生产绩效高低和经济繁荣与否的关键。世界经济发展的事实告诉我们，当资本形成和投资支出速度比较迟缓的时候，经济就会面临不景气的势态；当资本形成和投资支出速度比较快的时候，经济就会出现景气的形势。这就是资本存量与流动性跟生产绩效的一般关系。我们知道，在实施交叉持股制度的情况下，或者是一个成员企业接受了其他企业的投资股份，或者是各个企业联合分摊股份组建起一个新的企业，或者是相关企业提高相互持股份额，可以迅速增加各个相关企业的追加资本存量和资本的流动性，可以摊低商品的成本，可以快速实现资本增值，因而可以对企业生产效益和社会福利产生积极影响。然而，交叉持股企业之间的交叉资本，对多数成员企业来说，基本上是一种虚增资本，往往表现为企业会计账目中的一个虚增数字。一笔资金在交叉持股企业网络内流动，每个成员企业的资本账目都会有相应的增加。这种资本滚动的虚增效应，可能产生非常可观的经济后果。各个成员企业的账面收益循环虚增，在公允价值计量属性运用下可能导致会计信息失真，从而催生资本市场经济泡沫。如果是巨型企业之间的过度交叉持股，还可能形成某个行业或某个地域的某种程度的市场垄断，而市场垄断发展的结果，是生产效率的下降，创新动力的衰减，社会福利的降低。尤其是当金融资本投机性运作的交叉持股在企业集团或企业网络的内部形成"一荣俱荣、一损俱损"的利益联合体之时，其经济后果的两面性便会明显地表现出来。在经济繁荣时期，会导致企业的利润虚增，吹大资本市场泡沫；在经济衰退时期，会造成财务风险的传导，引起经济泡沫的破裂，从而形成金融市场的危机，甚至使整个国民经济发展长期处于低迷和停滞状态。日本从20世纪90年代初经济泡沫破灭之后开始的长达20多年的经济低迷，不能不说与巨型企业过度交叉持股产生的负面效应有一定的关系。统计数据证明，我国的企业特别是上市公司也存在着不重视企业主营业务的发展而过度依赖交叉持股进行资本运作以获取股市投资利润的投机行为。这说明，在交叉持股制度下实行金融资本与商业资本的结合、虚拟经济与实体经济的结合，如果投资导向正确，政策法规等保障制度健全，那么企业间交叉持股便可能有效地促进实体经济的发展。但是，过度的和投机导向的交叉持股则会促使虚拟经济大幅度背离实体经济的发展，从而导致资本市场的资源配置错位，阻碍实体经济的发展，甚至引发经济泡沫和泡沫破裂，进而造成经济危机，致使大量企业破产倒闭，社会经济发展停滞甚至倒退。

因此，深入研究交叉持股制度产生和发展的原因，对其发挥作用的机理进行多视角的经济学分析，揭示其经济后果的两面性效应并对其进行科学评价，进而研究如何通过制定合理的政策法规，有效地引导和约束企业的交叉持股行为，使之趋利避害，从而对企业经济的发展进而对经济社会整体的发展起到积极的推动作用，便具有非常重要的学术价值和现实意义。

（二）研究意义

本书通过追寻交叉持股产生的历史背景和发展过程，研究交叉持股产生经济效应的内在机理和治理结构，分析交叉持股的制度创新意义，欲达到两个目的：一方面是为我国企业发展交叉持股提供策略性建议和理论支持，特别是为我国企业公司制股份制改革（包括国有企业股权结构多元化、分散化改革和民营企业升级换代）、大型企业集团（特别是跨国公司）的组建及其如何更有效地增强参与国际竞争的实力提供方法性、策略性、政策性、制度创新性方面的建议；另一方面是为跨国企业在经济全球化发展趋势下迅速实现跨国界、跨地域发展提供一些策略性建议，为促进现代经济社会发展贡献一点智慧。

具体而言，本书的研究意义包括以下两方面。

1. 理论意义

如前所述，现代企业理论研究证明，交叉持股制度的实施有利于企业快速集结资本，优化资本结构，促使股权结构多元化、股东分散化，为企业广辟融资渠道，增加资本存量，实现规模经济，从而增进社会福利。但是，由于多种不确定性、有限性、信息传递的扭曲性、各类相关人员利益诉求的差异性等因素的存在，在减少企业外部信息不对称性的同时也可能加大企业内部信息不对称性，以致可能产生某种机会主义和串谋，从而增加代理成本，损害股东利益和企业价值。此外，过度的交叉持股还可能形成某种程度的垄断而影响社会经济秩序。

企业间的交叉持股链条，使企业之间实现利益结盟，因而可能产生"一荣俱荣、一损俱损"的连锁效应。在经济繁荣时期，金融市场上资金充足、流动性较强，股价上涨，可能自然而然地夸大交叉持股的上市公司的财务账面收益，进而吹大股市泡沫；在经济衰退时期，则可能形成多米诺骨牌效应，最终使虚拟经济泡沫破裂，从而摧垮金融资本市场，损伤实体经济，影响社会经济发展，降低社会福利。以企业间的交叉持股链条形成交叉持股网络的日本当代经济，其兴衰成败与交叉持股制度安排的正负面效应紧密联系的事实，就是有力的证明。

在我国，从1998年第一次出现现代企业交叉持股安排至今为时不长，生产企业之间实行交叉持股还不很普遍，但是就已有的上市公司交叉持股的实践情况来看，其经济后果也日渐明显。特别是金融企业之间的资本投机性交叉持股，对资本市场的波动起到了明显的推波助澜作用，其间成败优劣、经验教训很值得进行调研总结。然而我国经济学界对企业交叉持股制度的研究探讨却远不能适应经济发展的需要，远不能对交叉持股这一新的经济制度做出经济学理论上的深入解释。已有的一些研究文章多从法学的角度出发，采用比较分析方法，对比各国有关交叉持股的法律规制，提出应该在我国建立相应的立法制度的建议，只有少量文章涉及对交叉持股的经济后果的研究，而且对交叉持股之所以会产生正反两方面经济效应的内在机理仍然缺乏深入细致的多角度研究。

在有交叉持股制度安排的企业、企业集团、企业联盟的成员企业之间，存在着财务收益和财务风险的内部传导和外部扩散的效应，某些企业经营的成败往往会因为连锁反应而影响一个行业、一个国家、一个地区甚至整个世界经济社会发展的形势，或可造成经济繁荣发展的美景，或可造成经济衰颓甚至经济危机的惨相。所以，深入研究交叉持股制度的不同制度安排、内部作用机理及其经济后果，是个关乎企业兴衰、国家命运、世界经济社会前途的问题，因而对交叉持股制度的理论研究便具有较高的学术理论价值。

（1）有利于丰富以保护投资者利益为导向的公司治理结构理论。交叉持股作为一种企业经济制度，必然会有与其相应的一系列公司治理结构问题。治理措施和手段会影响公司的经济效益和各类利益相关者的经济利益。特别是各种利益相关者之间因信息不对称而造成的委托代理关系，对公司治理结构的影响很大。深化并具体化资本市场发展中的投资者保护问题研究，有利于改善公司治理结构，不断地拓宽企业的投融资渠道，进一步改变企业的股权结构，分散企业的投资和经营风险，增加企业的资本存量和抵御风险的能力，促进企业经济发展。尤其是从信息经济学的角度分析交叉持股制度对委托人和代理人之间信息不对称的影响，具体研究交叉持股对股东与债权人之间的代理关系、股东与管理层之间的代理关系、大股东与小股东之间的代理关系的影响，探索交叉持股制度安排对投资者利益保护的影响，可以丰富和深化以投资者利益保护为导向的公司治理理论的内涵，对公司治理实践具有现实指导意义。

（2）有利于丰富企业制度创新理论。交叉持股作为一种创新制度安排，有其形成与发展的路径依赖。从制度经济学的制度演进、制度创新的角度分析这种企业经济结构产生的原因和运行机制，一方面从新的角度审视交叉持股制度,为交叉持股制度的理论研究提供新的研究思路;另一方面,也在一定程度上丰富了制度经济学的内容。

(3) 有利于丰富企业间网络治理理论。交叉持股安排会形成企业内外的或联系松散或关系紧密的企业间网络。通过对交叉持股形成的经济网络特征和网络治理结构研究,厘清公司治理边界和制度创新路径,探求为了适应外部的竞争与合作的需要而治理内部的多层级治理理论,会对企业间网络治理理论作出有益的补充。

总之,从多种经济学理论出发对交叉持股制度进行深入研究,可以丰富公司治理理论、企业集团内部控制理论、企业制度创新理论、企业间网络管理理论。特别是从新制度经济学、企业间网络理论、经济意识形态理论的角度来研究法人交叉持股制度安排,都是比较新的理论研究课题。这些新课题的理论研究的结果,可以延伸和丰富公司治理理论、产权界定和产权保护理论、公司制度创新理论、企业间网络治理理论等制度经济学和企业治理理论等理论范畴。

2. 实践意义

在市场经济条件下,企业集团的作用日益显得重要。巨型企业集团已经成为现代金融机构、工商企业的标志和民族产业实力的象征。当今国与国之间的经济实力竞争与合作,突出表现为大公司、大企业集团之间的竞争和合作。企业集团内部及企业集团之间实行交叉持股对确保企业自身的生存与发展乃至确保国家宏观经济健康发展从而维护国家经济安全都具有极为重要的作用。

我国交叉持股制度建立以来,一直在促进国有企业股权多元化、投资主体分散化方面发挥着重要作用。2008年底,国资委召开的中央企业负责人会议，把深化中央企业公司制股份制改革列为国资委的首项工作。其后几年来，国家谨慎而积极地推进中央企业母公司公司制股份制改革，除了涉及国家安全或国家产业政策禁止外国资本和民营资本投资的企业之外，其他中央企业母公司逐步改制为多元股东持股的股份制公司。国家鼓励中央企业之间、中央企业与地方企业之间、国有企业与民营企业之间、民营企业与民营企业之间逐步实行交叉持股，鼓励上下游企业之间相互参股，改变国有企业的所有权结构，分散国有企业的股权，扩大私营企业的股份，促进投资主体的多元化。同时，国家支持具备条件的中央企业把主业资产逐步注入上市公司，鼓励中央企业做好控股上市公司的整合工作，不断做强做大上市公司。党的十六届三中全会明确提出：大力发展国有资本、集体资本和非公有资本等参股的混合所有制经济，实现投资主体多元化，使股份制成为公有制的主要实现形式。2013年党的十八届三中全会通过的《中共中央关于全面深化改革若干重大问题的决定》明确提出国有资本、集体资本、非公有资本等交叉持股、相互融合的混合所有制经济，是基本经济制度的重要实现形式，有利于国有资本放大功能、保值增值、提高竞争力，有利于各种所有制资本取长补短、相互促进、共同发展。2013年11月25日，国家发改委进一步提出了三个"允许"和三个"鼓励"。三个"允许"：允许更多国有经济和其他所有制经济发展成为混合所有制经济；国有资本投资项目允许非国有资本参股；允许混合所有制经济实行企业员工持股，形成资本所有者和劳动者利益共同体。三个"鼓励"：鼓励非公有制企业参与国有企业改革；鼓励发展非公有资本控股的混合所有制企业；鼓励有条件的私营企业建立现代企业制度。这一系列有力措施有效地推动了我国企业制度的改革，促进了企业经济的发展。毋庸置疑，交叉持股必将在我国国有企业市场化改革和发展混合制经济的历史进程中发挥巨大的推动作用。

在国际贸易竞争中，作为贸易出口大国的中国贸易顺差巨大，随着经济和贸易规模的扩大，贸易摩擦的频率也在增加。根据相关统计，我国已经连续14年位居全球贸易摩擦目标国榜首，无论是遭受的反倾销调查数量还是遭受的反补贴案件数量，都列全球第一位。国际金融危机爆发后，中国遭受贸易保护主义的侵害更加明显。2008~2012年，中国遭受反倾销案件数量达到308起，占同期全球的比重达到31.8%，远高于危机前1995~2007年中国占全球18.6%的比重。① 后金融危机时代，随着国际贸易保护主义的抬头，国际贸易摩擦居高不下，贸易摩擦的形式也越来越多样化，我国企业也逐渐开始利用交叉持股实现海外扩张，参与世界市场的竞争与合作，交叉持股逐渐成为应对中国对外贸易发展面临的巨大挑战的方式之一。例如，中国联通和西班牙电信于2011年1月签订加强战略联盟的协议，相互增持股份。中国联通在西班牙电信中的权益从40730735股西班牙电信普通股增加至62558234股西班牙电信普通股，即由原来拥有西班牙电信已发行股本的0.89%增加至1.37%。同时，西班牙电信拥有中国联通1972315708股或已发行股本的8.37%。② 这对我国电信行业的国际化发展，显然具有很强的示范作

---

① 鞠姗：《以回归实体经济为牵引完善金融体系》，《光明日报》2013年11月13日。
② 《关于西班牙电信与中国联合网络通信（香港）股份有限公司相互投资及订立战略联盟协议的公告》，证券之星网站，2009-09-07。

用和实际效应。跨国交叉持股有利于绕过各种政治经济文化的壁垒，弱化竞争强化合作，减少贸易摩擦，增强我国国际贸易竞争实力。

我国国民经济和社会发展的"十二五"规划纲要明确提出经济发展方式转型的构想和任务，这就需要我国的企业领导部门和企业家必须抓住战略机遇，迅速提高我国企业的发展质量，扩大我国企业发展的规模，形成一批拥有自主知识产权和知名品牌的优势企业和企业联盟（包括跨国公司和跨国公司联盟），建立和发展国际企业网络关系，全面提升我国企业的综合经济实力、国际核心竞争力和抗拒经营风险战胜经济危机的能力。为了达到此目标，我们认为通过交叉持股制度的适时、适地、适度安排，组建和发展巨型企业集团、大规模的企业战略联盟和巨型的跨国公司，具有非常重要的实践意义。

转变经济发展方式既包括国内企业经济发展方式的转变，也包括对外经济发展方式的转变，即从重视规模和速度向更加注重质量和效应转变，从出口和吸引外资为主向进口、吸收外资和对外投资并重的转变。继续开拓国际市场，保障资源供给安全，扩大对外投资，以及参与全球经济治理都是必须解决的问题（王梦奎，2011）。但是对外开拓国际市场往往面临着竞争多于合作的类似于"敌众我寡"的严峻局面。要想改变这种不利局面，化竞争为合作，"化干戈为玉帛"，化对手为朋友，通过交叉持股方式吸引外资和对外投资、参与全球经济治理，是一种温和而有效的手段。从这个意义上来说，积极而谨慎地利用交叉持股方式绕过文化的、意识形态的、法律的、关税的、技术的、管理的等壁垒，显然具有不可忽视的实践意义。

二　研究思路与内容

（一）研究思路

本书的研究思路是从交叉持股制度的产生与演变分析入手，结合经济学的相关理论，分析交叉持股的作用机理及经济后果，最后以 A 股上市公司的数据实证检验我国交叉持股的特征和经济后果，提出相关政策建议。

首先，本书以经济意识形态学为理论依据，对交叉持股制度产生和发展所涉及的历史背景、政治格局、经济动因、文化传统、社会条件进行分析研究，阐明交叉持股制度形成与发展的历史必然性、经济的实效性、制度的内生性、路径的依赖性、创新的适时性，在充分肯定交叉持股制度存在的合理性及其强大的生命力的同时，明确指出其伴生的负面经济效应，以便人们认识交叉持股这把"双刃剑"的特性，从而在实施交叉持股的过程中趋利避害，适时适度使用，使其发挥最佳的经济效应和社会效应。这一部分的研究目的主要是为后续的研究奠定一个初步基础。

其次，本书分别从契约理论、委托代理理论、生产函数理论、制度创新理论、企业网络理论出发对交叉持股制度进行经济学理论分析。以不同的视角在不同的层面分析交叉持股制度的正负面效应，从宏观的和微观的角度进行深入的分析，研究其正负面效应的产生根源和作用机理。全面探讨交叉持股制度在各国、各地区发展自己的比较优势、提高各自企业的生产效率和核心竞争力中的重要作用，进而探索交叉持股制度在行业经济整合、区域经济一体化和全球经济一体化的经济合作势态的形成过程中的重要意义。同时也分析指出企业之间过度的交叉持股会在某个行业、某个区域形成寡头垄断，以及如果安排交叉持股制度仅仅是要通过资本联合运作方式进行金融投机，而非主要用以促进实体经营业务的发展会产生的种种弊病。然后提出对我国国有企业改制、民营企业升级换代和参与国际竞争中适时适度采用交叉持股制度安排的设想和建议。这一部分研究的重点，一是交叉持股制度的作用机理，二是交叉持股制度的创新意义，三是交叉持股网络治理结构。这部分研究内容既是本书理论探讨的重心，也是本书研究创新的重点部分。

再次，以 2007~2010 年的 A 股上市公司的面板数据实证检验我国交叉持股的特征和经济后果，提出相关政策建议。

最后，综合规范理论研究和实证研究结果，得出交叉持股制度是一种具有很强的生命力的企业经济制度以及适时适度的交叉持股安排有利于现代企业发展壮大的结论，进而提出制定关于实施交叉持股制度的政策法规的建议，并且预示未来的研究方向，提出后续研究应该关注的主要问题。

（二）研究内容

本书的逻辑框架是：绪论部分阐述本课题的选题背景、研究意义、研究工具、研究方法、研究思路、结构安排及创新之点。正文部分共分五章。第一章是对交叉持股的基本概念、关系类型、本质特征进行概述，并对国内外相关研究文献进行简单的回顾与述评。第二章是对交叉持股进行历时的、纵向的、动态的分析，其主要内容是结合检视日本交叉持股制度形成的历史背景、政治格局、经济动因、发展历程、路径依赖，着重从意识形态经济学的角度剖析交叉持股制度产生和发展演变的社会的、政治的、经济的和文化的根源。第三章着重对交叉持股进行平面的、横向的、静态的经济学理论分析，全面研究交叉持股制度的作用机理和经济后果。其主要内容是从企业经济理论的各个分支如契约经济学理论、委托代理理论、制度创新学理论、网络经济学理论等理论视角，深入分析交叉持股制度发挥作用的机制及其对企业经济效益的影响。第四章则结合我国资本市场上市公司交叉持股的数据，实证检验我国上市公司交叉持股的基本特征和对企业绩效的影响，进而提出相应的政策建议。第五章是本书的研究结论综述及对后续研究的展望。特别着重从企业服务模式创新的角度出发，结合经济全球化格局向企业服务模式转型提出的要求，阐释交叉持股制度仍然具有很强的生命活力，重点说明交叉持股制度在未来经济全球化过程中仍可继续发挥其创造规模经济效应和创新企业服务模式的不可替代的积极作用。

三　研究方法

本书使用规范分析和实证分析相结合的研究方法，对交叉持股制度进行历史的、逻辑的、实证的分析研究，而后得出相应的结论。具体的过程是，首先运用文献法广泛搜集有关交叉持股制度研究的文献资料并对之进行加工整理、综合概括，作为进一步研究的基础和前提；继而运用归纳推理、演绎推理的逻辑方法对交叉持股进行逻辑分析，阐明交叉持股制度的基本概念、基本类型、本质特征、发展历史、经济效应；此后，进一步运用多种经济学理论对交叉持股制度发生作用的内在机理进行多视角分析研究；最后运用案例分析、经验研究等实证研究方法对规范研究的结论进行验证和说明。在对交叉持股制度有了明确的认识之后，进而提出政策制定和企业制度安排的建议。具体而言本书研究方法主要有三种。

（一）比较分析方法

主要比较了日本和中国的交叉持股制度的不同的制度变迁环境、不同的产生根源和历史路径、不同的持股特征和不同的经济后果。其次比较分析了不同类型的交叉持股关系及其产生经济效应的异同。

（二）归纳和演绎相结合的方法

通过分析日本和我国上市公司交叉持股的特征，运用归纳综合的方法，探寻蕴藏于其表象之下的本质规律。同时运用演绎分析的方法，用制度经济学、信息经济学、网络经济学、企业管理学、经济意识形态学、工商服务模式创新学等方面的基础理论，阐释交叉持股制度对企业价值、资本市场和国际竞争与合作等方面的影响。

（三）规范研究和实证研究相互印证方法

用经济意识形态学理论、产权理论、生产函数理论、契约理论、交易成本理论、委托代理理论、制度创新理论等经济学基础理论作为分析工具，对交叉持股的形成与发展的动因、产生作用的机理及其经济后果进行了规范的理论分析。同时，结合我国上市公司交持股的经验数据实证分析我国交叉持股制度的特征和实际产生的经济效应，从而为政策建议提供支持。实证研究数据的统计检验采用 Eviews 6.0 和 SPSS 17.0 软件进行回归分析。研究数据来源于专业数据库和上市公司的年度报告。其中，交叉持股数据来源于万得（WIND）数据库，财务数据来源于色诺芬（CCER）数据库和证券之星网站的公开信息数据。

四　本书的创新

（一）研究观点的创新

本书从经济意识形态的角度分析交叉持股制度的形成与发展演变的历史动因，指出交叉持股制度是特定历史时期的政治、经济、文化综合发展的产物，主要是在特定的政治、经济环境条件约束下不同的世界经济体之间博弈的产物，是不同的经济意识形态互相对抗的结果。通过分析指出交叉持股制度在不同国家的实施，总是受不同经济发展时期、不同文化传统的影响，总是在不同的经济意识形态的反复较量中发展变化。这个研究结论对全面认识交叉持股制度的经济效应和政治作用有着特别重要的意义。交叉持股的历史发展演变证明了实施交叉持股制度的经济体在参与世界经济竞争之时，既能保护自身经济自由发展实现规模扩张，又能促进经济全球化的均衡发展，从而解释了现阶段各种经济体参与国际竞争时仍然应该重视适度采用交叉持股制度的扩张模式的原因。

实证检验结果证实了我国上市公司交叉持股对企业的市场价值

有显著的影响,但却并不一定导致企业市场价值的提升,对企业价值的正负面影响与不同经济发展阶段的宏观经济环境具有密切的联系。并在实证检验的基础上明确指出虽然我国的上市公司交叉持股现状对我国实体经济的发展没有起到应有的促进作用并且对资本市场的健康发展有一定程度的负面影响,但是也不能因噎废食而忽视交叉持股在保护民族经济发展和参与国际竞争中起到的重要作用。

(二) 研究视角的创新

本书将序时的、纵向的、动态的分析与平面的、横向的、静态的经济学理论分析相结合。一方面从交叉持股制度形成的历史背景、发展历程,着重纵向动态地剖析交叉持股制度产生和发展演变的社会的、政治的、经济的和文化的根源。以纯经济观点对经济社会的经济制度进行研究,不免会有失偏颇。在意识形态横溢的历史长河里研究经济制度变迁,经济意识形态是个不应回避的问题。现有的研究文献对交叉持股的利弊的研究,着眼于企业经营管理微观层面的较多,而本书则着眼于世界政治、经济历史发展的大环境,从宏观层面分析了交叉持股在保护民族经济发展和参与国际竞争中起到的重要作用。另一方面,从企业经济理论的各个分支横向静态地深入分析交叉持股制度的作用机理及其经济后果。分别从生产函数理论、契约理论、委托代理理论、制度创新理论、企业网络理论出发,对交叉持股制度进行经济学理论分析,为交叉持股制度研究提供了崭新的视角。尤其是从制度经济学的视角分析交叉持股制度的演化根源、路径依赖、制度创新效应,以及从网络经济学的角度分析交叉持股形成的网络经济的成因、运行机制和治理结构等都是以全新的视角从不同的层面分析挖掘交叉持股的形成根源、发展演变、作用机理和经济后果。例如，本书把交叉持股作为一种企业制度的创新，从制度经济学的视角研究交叉持股制度的演化根源、路径依赖、制度创新效应，特别是深入地研究了技术创新与制度创新的辩证关系，说明交叉持股制度在知识经济时代具有广阔的发展前景。这些研究内容给交叉持股制度研究提供了一个崭新的视角，因而既是对交叉持股制度研究内容和研究方法的创新，也是对制度经济学研究内容的补充。从网络经济学的角度分析交叉持股形成的网络经济的成因、运行机制和治理结构，着重指出交叉持股企业网络形成的根本原因在于相关企业彼此结盟，共同寻求竞争与合作的平衡，争取多种资源相互依赖与共同分享，从而在不断协调均衡的过程中互相支持、共谋发展、合作共赢。交叉持股企业间网络运行机制的实质是，建立在既定契约和信誉保证基础上的共同利益追求，以及对失信者的经济惩罚所形成的互动关系的维护。

第一章
概念界定与文献回顾

企业交叉持股的表现形式有多种多样，其实质就是彼此结盟的企业之间资本联系、产权纠结、损益牵连、互相保护、互相支持、共担风险、共存共荣。交叉持股产生以来，研究文献很多。各家研究的角度不同，所得的结论也不一样。认真检视前人研究的成果，可以从中获得有益的借鉴。

一 交叉持股制度的含义

研究任何问题都应有一个最基本的出发点。研究交叉持股制度不能不先明确其基本概念，了解其表现形式和主要特征，作为研究的基础。

（一）交叉持股的基本概念

交叉持股又叫相互持股，其基本表现形式为两个或多个经济上相对独立的企业之间，彼此直接或间接地持有对方的股份。长期的稳定的交叉持股能使持股企业彼此结成具有资本联系的生产经营伙伴、所有权交叉纠结的经济关系网络中的利益相关的战略盟友。由于具有交叉持股关系的企业之间所发生的经济联系，主要是资本联合、产权纠结，因而在同一资本链上的各个成员企业的股权结构都发生了改变，彼此互为稳定的股东，与此同时，各成员企业的治理结构也发生了相应的改变。所谓企业的稳定股东，就是不以获取眼前收益为目的而长期持有该企业股权或股票的股东。交叉持股网络中的成员企业，除非是集体做出惩罚某一违规成员企业的决定，几乎在任何情况下都不出售其所持有的盟友的股权和股票，特别是在盟友企业面临敌意收购和股价大跌的时候。

简单的交叉持股关系是两个企业相互持有对方的股份的两两关系，无论它们之间各自所持的对方的股份是否对等。复杂的交叉持股关系出现在多个企业之间，各个成员企业之间不一定都有两两对持股份的关系，也可能没有直接的持股关系，不过从总体上看，彼此同处于一个资本大链条之中，彼此之间具有资本联系和产权纠结，其持股关系或是直接的或是间接的，总而言之是股权交叉的。

一个企业的股权结构是该企业所有权结构的直接反映，因而股权结构的改变就是企业所有权结构的改变。例如，一个没有上市的股份制企业，当其未与其他企业交叉持股之时，其股权所有者都是内部股东即直接投资者，其股权结构可以视为单一的内部股东制，其所有权即为内部股东拥有。当一个企业与其他企业建立了交叉持股关系或者上市之后，其股权结构便随着其交叉持股盟友的加入以及盟友的股权结构或者购买其股票的所有投资者的社会经济结构而发生了相应的变化，其股东会增加该企业外的法人企业股东。股权结构发生了变化，所有权结构便随之发生变化，公司的治理结构也相应发生变化。公司的治理结构不同，其经济后果便不一样。由此可见，交叉持股的实质主要体现为企业之间由于资本的联合形成了各自的股权结构变化即所有权结构变化，从而改变了企业的公司治理结构，进而产生了新的经济后果。

（二）交叉持股的基本类型

依据不同的分类标准，交叉持股关系可以有不同的分类。不同类型的交叉持股具有不同的经济效应。分别认识不同的交叉持股类型，目的在于了解其可能产生的经济后果。

1. 按持股方向分类

企业交叉持股关系可以分为单向持股关系和双向持股关系，或称单向间接持股关系和双向直接交叉持股关系两大类。单向交叉持股关系就是A公司持有B公司的股份，B公司持有C公司的股份，C公司持有D公司的股份，D公司持有A公司的股份，形成环状单向交叉持股关系，直接来看，各公司都属于单向持股关系，但从总体上看，各公司之间间接存在交叉持股关系。双向直接交叉持股关系则是两个或多个公司互相持有对方的股份，互为对方的稳定股东，彼此结为经济联盟，总体形成企业网络关系，相互控制资本、产权，互为生产经营战略伙伴，共同分享生产资源和销售渠道，互相影响但不干预生产经营方向和方式方法，共同应对市场，共享经济成果，共担市场风险。

按持股方向分类还可分为狭义交叉持股关系和广义交叉持股关系。所谓狭义交叉持股关系就是所有成员企业之间的持股关系都是双向互相持股关系。所谓广义交叉持股关系就是企业网络成员之间既有双向交叉持股关系，又有单向参股关系，实际上就是混合交叉持股关系。

2. 按持股企业数量分类

交叉持股关系可按持股数量分为简单交叉持股关系和复杂交叉持股关系两类。简单交叉持股关系包括两两关系（双元关系）、三角关系（三元关系）、矩形关系（四元关系），总体看成员企业不多。复杂的交叉持股关系表现为多角关系（多元关系），即网络关系。两两关系是最简单的关系，就是A、B两个企业互相持有对方的股份。三角关系就是A、B、C三个企业之间交叉持股。矩形关系就是A、B、C、D四个企业之间交叉持股。多角关系就是更多的企业或两两直接相互持股，或部分企业只有单向持股关系，部分企业具有双向交叉持股关系，彼此或直接或间接发生资本联系，共同形成复杂的资本联系的网络关系。

3. 按持股企业从属关系和经营关联分类

交叉持股按企业有无组织从属关系或经营关联分类可以分为纵向交叉持股和横向交叉持股两类。纵向交叉持股关系也叫垂直式交叉持股关系，包括母、子、孙公司交叉持股关系及上下游关联企业间的交叉持股关系。横向交叉持股关系也叫水平式交叉持股关系，就是彼此无组织从属关系或者无上下游关联关系的企业之间的交叉持股关系。前者多见于欧美国家，后者多见于亚洲地区。

4. 按持股企业的行业性质分类

交叉持股按成员企业的行业性质可以分为金融机构交叉持股关系、银企交叉持股关系、工商企业交叉持股关系等类。所谓金融机构交叉持股关系是指银行、保险公司、基金公司、信托公司等金融机构之间的交叉持股关系。所谓银企交叉持股关系是金融机构与生产主营企业之间的交叉持股关系。所谓工商企业交叉持股关系是指非金融机构之间的企业交叉持股关系。其中的银企交叉持股关系往往表现为银行给企业贷款并且派员对企业进行监督。在企业遇到财务危机的时候，银行给企业提供紧急贷款，帮助企业渡过难关。特别是主银行作为企业的最大股东，始终都是企业的保护神。我国上市公司之间的交叉持股关系多是银企交叉持股关系，其次是金融机构交叉持股关系，而且多是为了达到短期融资的目标和金融投机的目的，因而多有近视的、短期的圈钱行为。这是我国交叉持股制度发育很不成熟的表现。这是我国现时需要认真解决的问题，谨防把交叉持股变成投机的手段和把股市变成投机或赌博的场所。

5. 按联系密切程度分类

以交叉持股企业之间是否存在生产经营上和市场交易上的紧密联系而分，企业交叉持股可以分为松散型的弱关系和紧密型的强关系两类。所谓松散型的弱关系是指企业之间仅有资本联系而无生产经营联系和直接的市场交易关系。所谓紧密型的强关系是指交叉持股企业之间除了存在资本紧密结合、产权交叉纠结关系之外，还存在着生产经营管理人员交互任职、信息交流直接而畅通、生产环节比较接近、经营联系的链条直接而紧密、交易直接而频繁、财务往来相应较多、彼此结为亲近的财务联盟等方面的关系。一般来说，企业交叉持股所追求的最理想的关系就是紧密型的亲近关系，其核心就是经济利益的高度一致，互相支援、互相制约、共同发展、互利双赢。从商业服务模式创新理论的角度来看，交叉持股制度实施的最佳目标就是要建立最直接的资金、人才、信息、物资、生产、经营、知识、技术、市场交易的最顺畅的交流通道，其最终目的就是"一荣俱荣"、多方共赢。这里所谓的关系的远近、强弱、亲疏，都是相对而论的。亲近关系能否实现和怎样实现，一切就看建立什么样的制度。例如，交叉持股可以使疏者、远者变为亲者、近者，并购可以使疏者、远者变为一体。

经济领域，制度决定一切。制度经济学分析在经济研究中居于很重要的地位。意识形态决定制度的选择，因而经济意识形态学理论分析又是经济制度研究的前提和基础。本书正是从这种认识出发，非常重视对交叉持股制度进行制度经济学和经济意识形态学的理论分析研究。

6. 按投资关系分类

按交叉持股企业网络中的成员企业是否直接向另一个成员企业投资分类，可分为直接交叉持股关系与间接交叉持股关系。直接交叉持股关系是两个成员企业相互投资于对方；间接交叉持股关系则是一个成员企业通过第三个或更多个成员企业与另一个成员企业实现资本联系。在交叉持股企业网络中，并非所有成员企业之间都是两两直接相互持股关系，而是有些企业直接相互持股，有些企业间接相互持股，然而从企业网络的整体来看，所有的企业都发生了资本联系，共同结成了经济利益联盟，因而彼此都是生产经营上的战略伙伴，都有共同的经济命运。

从现实中实际存在的企业间的交叉持股关系来看，往往是多种关系同时并存的。除以上分类外，还可将以上分类方法进行组合形成新的分类，例如，将持股方向和数量相结合分类，交叉持股关系可以分为二元交叉持股关系（即两两关系）、直线型交叉持股关系

（即一个企业只与另一个企业相互持股而不与第三个企业相互持股但不构成循环）、循环交叉关系（即相互持股企业形成了循环交叉状态）、辐射状交叉持股关系（即以一个企业为核心的多个企业交叉持股关系）、复合型交叉持股关系（即前述多种关系的复杂组合）。将交叉持股企业的行业性质和联盟资本使用的性质相结合分类，交叉持股关系可以分为纯金融资本运作型交叉持股关系和纯生产企业战略联盟交叉持股关系两大类。前者的投机性成分居多，甚至有纯投机性的结合。这种联合资本在金融市场上兴风作浪，对资本市场往往有很大的扰乱作用，对金融市场秩序的破坏作用很大。国家政策制定部门和金融监管机构必须制定严格的政策法规，对之进行限制和严管。后者将资本用于发展主营生产业务，提高生产效率，创造社会财富，创新社会服务，提高职工福利，增加社会福祉，这才是交叉持股的正途。政府、社会投资者和消费者大众肯定的和乐于支持的正是这种类型的交叉持股。对交叉持股关系进行分类，可以依据研究的目的不同而采用不同的分类方法。分类的方法不同，分类的结果便不一样。本书出于对比研究的目的，多采用两分法分类，只是在必要的时候才涉及其他的分类。

（三）交叉持股制度的双面效应

交叉持股制度最具本质性的突出的特征就是交叉持股的成员企业之间形成了一个比较稳固的资本连环控制的链条，彼此产权纠结交叉，结成巩固的利益联盟，共同应对市场，达到利益均衡、共存共荣的目的。交叉持股实施过程中所表现的各种特征，都可以看作是由这个根本特征派生而来的。交叉持股，利弊并存，其正面效应显示的同时，都有可能产生负面效应，这是我们分析认识交叉持股的作用特征时必须注意的问题。

1. 适度交叉持股的正面效应

（1）通过资本联合和要素集结扩展经营业务。交叉持股制度本质上是不同企业的资本联合、集结与所有权交叉纠结。资本联合的结果会形成股权结构和投资主体的多元化、分散化。各类股东相互制衡，公司治理结构发生变化。参与交叉持股的成员企业可能产生一个生产经营网络的管理者集团（如经理会、经营管理委员会、企业家俱乐部等），也可能形成一些非正式联系组织（某种经济业务联系会、科学技术交流协会、产品或技术交易会等），通过信息交流或者协调各个成员企业的经营管理，或者互相影响生产经营方向，或者互相交流知识、技术，或者共享产、供、销平台，或者共享投融资渠道，或者联合研发新技术、新产品，提高生产经营效率。

（2）通过企业边界扩张促使外部性内部化。企业之间实行交叉持股有利于组建企业集团、结成企业联盟、建立企业网络，因而可以使外部性或者全部地或者部分地内部化。外部性内部化的过程就是企业边界扩张的过程，以权威命令替代市场交易，虽然可能使市场部分失灵和价格机制部分失效，但是对于企业生产效率的提高却是有利的。实施交叉持股制度形成巨型企业和巨型企业联盟，可以使外部市场变为内部市场，使外部交易变为内部交易，甚至可以使市场交易部分地变为行政协调（例如在巨型企业内部）。这种外部交易内部化可以使交易变得较为顺畅，大大降低交易成本，从而提高交易效率。企业联盟或企业网络之内的成员企业之间，交流知识技术，共享资源，共用平台，支持援助，分工合作，分担风险，分享利益，有利于形成规模经济。尤其是金融企业之间交叉持股、银企之间交叉持股，往往可以缓解资本缺乏的情况，可以互相联手救市，共同渡过难关。

（3）通过利益制衡和风险共担实现防范恶意并购及互利共赢。交叉持股形成的企业集团内部各成员企业的利益高度一致，容易达成利益均衡，共存共荣。企业联盟和企业网络之内的成员企业各有各的利益诉求，根本利益并不完全一致。各自追求效益最大化，必然有博弈、有竞争。但是，无论它们之间的关系是亲近还是疏远，是紧密还是松散，都因为资本联系、产权交叉而使彼此利益相关，共同结成了战略伙伴、利益联盟，所以在共同面临约束条件下又会相互制衡、交流沟通、相互合作、相互促进、共担风险、防范恶意并购，在既竞争又合作的"竞合"关系中共同发展、共存共荣、互利共赢。

（4）通过减少信息不对称来方便协调共谋发展。交叉持股制度的实施，拉近了各个成员企业之间的距离，特别是成员企业之间互派管理人员交叉任职和经理联席会议的活动，方便成员企业之间的信息交流、知识传递，非常有利于协调彼此的利益关系，改善各自的生产经营方针，提高各自的生产效率，共同参与市场竞争。有研究资料表明，企业之间交叉持股可以改善企业之间信息不对称的状况，而且交叉持股程度越高，信息不对称的程度越低，信息交流的渠道越畅通。在信息时代，知识成了很重要的生产力要素。由于交叉持股实现了企业利益的均衡、协调，彼此可以分享对方发展的成果，从而存在不封锁知识技术的激励，而且可以共同研发新产品、新技术、新管理方法，共同开拓发展的新路。

（5）方便绕过壁垒促成跨国结盟。跨国界、跨地区的交叉持股安排可以使跨国公司比较顺利地绕过异国异地的政策法律、关税制度、文化传统、意识形态等障碍，绕过壁垒，与异国异地企业实现资本联合、产权交叉，可以比较容易地获得异国异地的资金、人力、信息、知识、技术，比较容易在异国异地建立起材料、设备供应渠道和产品销售网络，同时可以减少运输成本，最终提高生产经营效率。

2. 过度交叉持股的负面效应

（1）形成寡头垄断导致价格失灵生产停滞。交叉持股可能形成市场垄断阻碍创新，导致生产停滞、福利下降。巨型企业之间的过度交叉持股可能形成某个行业的或某个区域的某种程度的市场垄断或寡头垄断，而垄断生产、垄断价格、垄断利润、垄断市场对市场经济会产生一系列负面影响。例如，市场失灵，价格机制失效，生产规模受到制约甚至缩减，产品质量下降，服务质量下滑，价格居高不下，生产经营的创新动力减弱，社会财富增速减缓甚至缩水，最终影响社会福利不再提高甚至下落。这种过度交叉持股的负面影响，应该引起当政者和研究者的高度警觉。

（2）导致资本虚增形成经济泡沫。交叉持股企业间的财务结盟会导致资本虚增、吹涨泡沫、危机环生。交叉持股企业网络之中的成员企业，特别是关系亲近型的交叉持股企业之间，财务联系紧密，经营损益牵连。一个企业的股票升值，账面收入增加，资产价值上涨，另一些相关企业的股票也可能升值，账面收入也可能相应增加，资产价值也随之上涨；同样，一个企业的股价下跌，账面收入减少，另一些相关企业的资产也可能随之贬值，账面收入也可能随之减少。经济利益如此紧密相连的交叉持股企业，"一荣俱荣，一损俱损"的连锁效应非常明显。特别是主要着眼于资本运作、金融投机性的交叉持股企业,在牛市期间,可能"一荣俱荣",利润虚增,泡沫鼓胀;在熊市期间,则可能"一损俱损",泡沫破灭,危机链生,市场低迷,一蹶不振。

(3) 可能导致道德风险和逆向选择。实施双向交叉持股制度相当于对经理人实行了不辞退的承诺,经理人因此可能会进行股东利益最大化的高风险、高收益的投资,有条件实行人力资源专用性投资。然而,交叉持股隐含的不辞退契约也可能使外部接管市场对管理层的约束降低,引发管理层的道德风险和逆向选择问题,导致经理人追求自身利益最大化而置企业收益、股东利益于其次,使股东利益受损。

(4) 加剧大股东对中小股东利益的侵害。交叉持股形成股权分散的局面,只有稳定的大股东有激励、有条件关注和干预企业的生产经营管理;大多数中小股东则没有能力参与企业管理,普遍存在"搭便车"的现象,实际上是放弃了对其所投资的企业的干预权力。在这种情况下,大股东和经理人的机会主义会产生,中小股东的利益很可能不被重视,甚至会受到严重的侵害。

二 国内外相关研究述评

交叉持股制度研究是 20 世纪下半叶兴起的一个新课题,也是影响世界范围内资本市场的一个重要课题。国内外对交叉持股研究的文献数量不多,而且主要集中于对日本交叉持股制度的研究。从现有的研究成果来看,相关的研究内容主要集中在交叉持股的法律规制、行业特征、公司治理效应和对企业业绩的影响几个方面。

（一）交叉持股的法律规制

国内已有许多文献从法学的角度针对《公司法》和《证券法》对交叉持股的立法缺失进行探究并提出政策建议。有大量的文献通过对国际上东西方不同国家关于交叉持股的立法规制进行比较、分析和评价，进而提出构建适用于我国的交叉持股制度法规的建议（李燕，2003；葛开明，2005；谷峰，2005）。沈乐平（2004）首先分析了交叉持股制度的利弊，然后提出我国应当借鉴国外关于交叉持股的立法经验与教训，分别针对纵向交叉持股和横向交叉持股的不同特点进行不同的立法。曲阳（2009）从法律规制成本的角度分析交叉持股制度，指出禁止母、子公司之间实施交叉持股，并且有条件地限制非母子公司之间的表决权行使，使之符合效率性原则。立法规制的范围应该限于股份有限公司，立法规制的目标应该是限制超额持股一方的表决权行使。

（二）交叉持股的行业市场特征

Amundsen 和 Bergman（2002）针对能源市场中的交叉持股经济后果进行研究发现，交叉持股有利于提高垄断价格，获取垄断利润。Flath（1992）指出横向持股所导致的行业寡头垄断会制约企业的产量，而且当企业更关注间接交叉持股而非直接相互持股之时，卡特尔效应更强。Flath（1991）认为获得对手的股份在古诺模型下并不是一个子博弈完美均衡，尽管它可能是伯特兰竞争。Merlone（2001）概括了一些横向交叉持股企业模型，并用勒纳指数和赫芬达尔-赫希曼指数研究了财务结盟的卡特尔效应。Farrell 和 Shapiro（1990）对替代产品市场的公司之间的交叉持股研究指出，相互竞争的公司进行交叉持股会使双方实现利润最大化的均衡。Güth（2007）通过建立博弈模型对垂直交叉持股进行分析，博弈模型对卖方决策做出了准确的预测，并指出交叉持股比预期发生的更为频繁，交叉持股增加了贸易的可能性，最后得出垂直交叉持股可能有效率的结论。Clayton 和 Gorgensen（2005）指出交叉持股制度并不必然导致所有参与交叉持股的公司都能获得最大利润，不形成纳什均衡；交叉持股形成的企业集团中的成员企业有时可以通过适当地降低持股比例来获得更多的利润。

以上文献指出横向交叉持股与纵向交叉持股具有不同的行业市场特征：巨型企业过度的横向交叉持股会形成行业的或地域的寡头垄断，给市场经济带来诸多不良影响；而纵向交叉持股则能提高企业经营的有效性。

（三）交叉持股的公司治理效应

1. 交叉持股对信息不对称的影响

Li Jiang 和 Jeong-Bon Kim（2000）以收集的日本大量的交叉持股企业为样本研究交叉持股的信息传导作用，结果发现当企业间交叉持股程度越高时企业与市场参与者之间的信息不对称程度越低；而且交叉持股比例较高的公司的股价比交叉持股比例较低的公司的股价能够更早地反映企业未来的盈利能力的信息。Jacobson 和 Aaker（1993）以及 Kaplan 和 Minton（1994）认为交叉持股制度使日本资本市场的信息不对称程度低于美国。这些研究证实了交叉持股能够提高股价的市场信息含量,加快信息传导的速度,说明交叉持股具备一定的信息传导作用,能在减少资本市场信息不对称方面发挥重要的作用。

Sherad(1994)研究了日本的金融机构与工商企业的交叉持股,指出金融机构同时拥有工商企业的债权和股权,使得金融机构拥有更多的信息优势,从而能够更好地发挥监管作用。Bae 和 Kim(1998)认为,日本企业间的交叉持股是影响经理和股东之间的信息不对称问题的一个重要因素。James S. Ang 和 Richard Constand(2002)研究指出,日本企业的交叉持股制度为减少企业的委托代理问题和信息不对称问题提供了一个可行的替代方法。这些文献的研究结论都一致说明金融机构通过交叉持股形成企业的债权人和股东的双重身份,能有效地减少股东和管理层之间的信息不对称。

Kato(1991)研究指出,小公司和非 Keiretsu 公司相比大公司和交叉持股形成的 Keiretsu 公司而言,更加经常性地对外宣告股利。这个研究结论在一定程度上说明小公司比通过交叉持股形成的大规模的集团公司更加需要利用股利的宣告来对外传递相关信息。

陈志昂(2003)指出德国交叉持股导致银行内部人控制,同时指出有效的金融监管可以在一定程度上替代银行业外部监控从而克服内部人控制导致的信息不对称问题。陈志昂的研究结论说明,德国企业的交叉持股在减少信息不对称方面有效地发挥了治理作用。

这部分研究文献从股价对盈利的反应、股利的信息传导作用及债权人的监管等不同侧面分别证实了交叉持股在改善信息不对称方面发挥了积极的作用。

2. 交叉持股对企业控制权的影响

Sheard（1994）和 Berglof（1994）指出交叉持股结构培育了成员企业间的长期关系，取代了公司控制权市场的外部监管。Osano（1996）指出交叉持股不仅能够防止由敌意收购带来的管理层的短视行为，而且能够通过相互承诺和共担风险的机制提高各成员企业的股价。Nyberg（1995）认为，一方面交叉持股能加强对敌意收购风险的防范，对股东有利，因为对敌意收购风险的防范能够迫使收购方支付溢价；另一方面交叉持股能增加经理层对企业的控制管理权，而管理层对董事会决策的影响力增加将导致较高的管理层报酬，对股东不利。La Porta 等（1999）从现金流与控制权的关系角度分析指出，终极控制者可以利用交叉持股的制度安排，从而使用较少的现金流就能把企业集团内某一成员的控制权保留在自己手中。Nobyuki Isagawa（2007）通过建立模型分析交叉持股和交叉持股解体时管理者的经营策略对接管收益和接管成本的影响，指出交叉持股和解除交叉持股都可以防止敌意收购，但两者的实施机制不同。交叉持股是通过增加接管成本来防止敌意接管，而交叉持股的解体则是通过降低接管价值来防止敌意接管。通过对日本 20 世纪 90 年代的交叉持股解体情况分析指出，日本金融市场的放松管制直接导致接管成本的下降从而促使交叉持股解体，而且低盈利公司比高盈利公司有更强的解体动机。Morck 和 Nakamura（2003）认为交叉持股结构能成功地防范敌意接管，但这种寻租行为阻碍了金融发展并导致长期的经济问题。

以上文献指出交叉持股不仅能通过防御敌意收购来稳定企业的控制权，而且只需要用极少的现金流即可实现对控制权的稳定掌握。

3. 交叉持股对委托代理关系的影响

Klein、Crawford 和 Alchain（1978）以及 Williamson（1979）等研究指出，交叉持股能使集团内部成员企业间彼此相互信任，共享收益，共担风险，双方都更加容易获得对方在交易过程中的真实想法。Ang 和 Constand（2002）与 Flath（1996）认为，交叉持股使得集团成员企业间保持的长期交易关系能够减少贸易伙伴间的道德风险，抑制交易合同中机会主义行为，并且鼓励成员企业间的专有性资产的投资。Ramseyer（1998）研究指出，交叉持股可以限制公司管理层的道德风险。Claessens（2000）指出，日本上市公司集中的股权结构导致代理冲突从委托人与代理人之间转移到大股东和小股东之间。Mork 和 Nakamura（1999）指出，在股权限制为5%的条件下，金融机构持有公司的债权数远远超过股权数，因此持股的金融机构更多是保护自己作为债权人的利益。洪秀芬（2003）指出，交叉持股公司的管理层能够通过互相持有对方公司股份的表决权操纵股东会，支配公司经营管理，使公司选任董事、监事的机制和监督功能丧失，排除股东会对董事的监督，破坏了股东平等原则。Wenstein 和 Yafeh（1998）认为，交叉持股导致经理拒绝高风险高报酬的项目。曲阳（2009）认为，交叉持股会造成公司股东的控制权与现金收益权相分离，从而导致高昂的代理成本。母子公司之间的交叉持股可能会造成完全的内部人控制；非母子公司之间的交叉持股导致代理成本随交叉持股的比例上升而递增。高煜（2006）对交叉持股做了较为详尽的研究，集中运用比较制度分析方法、交易费用分析方法和博弈分析方法从企业内部激励的角度和产业组织的角度两个方面分析了企业交叉持股制度的效率问题。Ferguson 和 Hitzig

(1993）认为企业间的交叉持股是管理层操纵公司规模、自我膨胀的表现；但是 Sinha（1998）的研究却表明交叉持股虽然不一定能给初始投资者以及管理层带来扩大规模的好处，但却可以避免管理层的无效率行为。

（四）交叉持股对企业绩效的影响

1. 交叉持股对企业市场价值的影响

Isagawa（2000）通过收集日本交叉持股的数据实证检验得出交叉持股比例的下降会引起股价上升的结论。Nitta（2000）实证研究指出，企业的业绩与国内交叉持股比例呈反向相关，与外国投资者呈正向相关关系。白默和刘志远（2010）对2009年我国部分持有创业板上市公司的主板市场上市公司的股价进行分析，并建模说明上市公司交叉持股的经济后果，指出在发行市场和交易市场存在较高股票价差的背景下，上市公司的交叉持股行为可能导致公司实体资产的真实价值与公司市值出现更加严重的背离，公司账面价值虚增，从而引发资本市场的泡沫化。林华（2006）通过对2000年和2001年与券商交叉持股的上市公司的累计非正常报酬率进行检验，分析交叉持股对上市公司的短期经济后果和长期业绩的影响，认为交叉持股并没有使上市公司的整体业绩获得改善，但是投资绩效有显著提高。贡峻（2009）根据2007~2009年上市公司的数据实证研究得出上市公司交叉持股比例对企业价值具有显著的正向放大作用的结论。李进（2009）引入复杂网络分析指出，具有直接交叉持股关系股票的相关系数并不一定比间接交叉持股股票的相关系数大，即使是处于同一交叉持股网络中的股票，其价格关系也并不都是正相关或负相关的。冯震宇（1999）认为，在公司的股价出现暴跌时，母公司通过子公司回购自己发行在外的流通股票，提升或稳定股价，以达到护盘的目的。这种脱离实体经济基本面的虚拟经济游戏，可以看作是一种资金投机。母子公司交叉持股对于市场、社会弊大于利，这说明限制母公司持有子公司的股份的立法是完全有必要的。

以上分析交叉持股对股价的影响的文献得出的结论并不统一，有的认为交叉持股与市场价值呈正向放大作用，有的则认为交叉持股与企业的市场价值不一定正相关，有的研究结论则是交叉持股对企业市场价值负相关。因此有必要进一步研究论证我国交叉持股对企业市场价值的实际影响。

2. 交叉持股对企业实体经营的影响

La Porta 等（1997）指出，公司内部人有多种方式掠夺外部人的利益，如岗位特权消费、过高的工资和奖金、转移定价等，从而导致经营成本上升和经营收益下降。交叉持股会在一定程度上形成内部人控制，因此有可能引致经营成本上升和经营收益下降。

Wenstein 和 Yafeh（1998）研究表明，在获得银行贷款时，与主银行有关联的被交叉持股的公司比独立公司往往支付更高的利率，说明持股的金融机构倾向于借助自己的持股优势从被交叉持股的企业中榨取租金。Wenstein 和 Yafeh 的研究说明虽然交叉持股企业可以从交叉持股的金融机构那里方便地获得资金，但有时资金成本却高于市场价格，并不一定就有利于企业的实体经营的发展。

Hoshi（1991）分析了与主银行交叉持股的关系紧密公司和与主银行关系较弱的公司的投资行为，发现与主银行联系较弱的公司的投资行为对流动性更加敏感，强调了金融中介在投资过程中的作用。

Hoshi 的研究同样说明与金融企业交叉持股的企业相对更容易获得资金支持，即交叉持股行为会影响企业的投资行为。

秦俊和唐鹏程（2009）通过对我国 A 股通信行业上市公司交叉持股数据的分析，指出我国上市公司主营业务盈利能力与公司是否参与交叉持股以及交叉持股比例之间不存在相关性，说明我国上市公司之间目前的交叉持股尚未影响到上市公司的主营业务。国内对交叉持股对我国企业实体经营的影响的实证研究数量不多且范围有限，仍然缺乏全面的总体的研究结论，本书将根据 A 股上市公司 2007~2010 年的数据对此做进一步的分析检验。

从上述研究文献的回顾可以看出，国内外学者对交叉持股制度的研究都是极有意义的。然而总体来看还有待进一步系统的、多视角的深度理论探讨，特别是从制度经济学、网络经济学、经济意识形态学、企业服务模式创新学等新经济理论视角的分析。对交叉持股的研究不应该仅仅停留在静态地平面地零碎地分析交叉持股关系不同类型、不同特征、不同作用的阶段，而应该动态地立体地全面地深入地研究交叉持股制度产生正负反馈经济效应的内在机理，特别是应该着重以制度变迁即制度创新的理论动态地分析交叉持股制度产生、发展、作用机制和经济效率，从而对我国政府应该如何制定关于交叉持股制度的政策、法规提出建议，以便规范我国企业交叉持股行为，合理引导我国交叉持股企业发展其主营生产业务，促使其在我国经济发展中发挥积极推动作用，尽量避免交叉持股的负面消极作用，充分保护大、小股东和其他利益相关者利益，维护市场的有序竞争，鼓励我国企业参与国际竞争与合作，创造更大的经济效益。

我国的经济发展阶段和企业所处的市场环境与其他发达国家不同，企业间交叉持股存在的问题当然也与西方发达国家存在的问题不尽相同。借鉴西方发达国家和日本的交叉持股的经验教训，分析我国企业交叉持股的突出特征和实际作用，以理论结合实际的方法探索交叉持股实践所产生的利与弊，在充分了解交叉持股这把"双刃剑"的作用机制的前提下，提出适当的政策建议，以期逐步完善我国企业交叉持股制度，便是本书研究的最终目的。

第二章
交叉持股制度的历史演进与动因

任何一种经济制度的形成和变革都有一定的社会历史渊源和现实社会的政治、经济、文化、习俗的依据，而且与该种经济制度本身所具的内生性变革能力有直接关系。也就是说，任何国家任何时代的经济制度变迁都有一定的连续性、继承性，即制度变迁必有其路径依赖性，制度创新必有其基因选择、复制和变异性。因此，为了研究交叉持股制度产生、发展的来龙去脉，有必要简要地回顾交叉持股制度的发展演进的历史和特征。由于日本的交叉持股历史具有代表性，本书着重回顾分析了日本交叉持股的产生背景和动因，在简要阐述了其他发达国家的交叉持股的发展状况后，重点分析中国交叉持股的现实状况和特征。

一 日本交叉持股制度的产生背景与成因

现代企业交叉持股制度产生于"二战"后的日本，是在特定的社会历史条件下的特定的政治、经济、文化的约束条件下不同经济意识形态博弈的产物，是日本企业界和企业家迫于形势为争生存和发展而被迫地创造出来的产业结构。然而这个被逼出来的制度却在日本战后的经济恢复和经济发展中发挥了令世界瞩目的作用，促使日本创造了惊人的经济奇迹，使得日本在短短的20多年中变成了世界上第二大经济强国。但是从日本的经济实践来看，交叉持股制度在日本的经济泡沫的形成和破灭的过程中也起了推波助澜的作用。本节分析"二战"之前日本近现代经济的发展历程，梳理其不同历史时期经济发展的突出特征和各个时期经济制度的特点，以便深入认识"二战"之后交叉持股制度产生、发展的政治、经济、文化的背景及其路径依赖的轨迹。

（一）日本交叉持股制度的产生背景

出于研究日本交叉持股制度形成与发展历史的需要，我们把日本近现代经济社会发展的历史划分为交叉持股制度出现之前时期（从明治维新到"二战"爆发）、交叉持股制度形成和巩固时期（战后恢复和经济高速增长时期）、交叉持股制度继续发展时期（世纪之交至今）三个阶段来进行回顾。

1. 交叉持股制度出现之前的日本经济社会的突出特征

（1）明治维新时期日本经济社会的突出特征。直面落后，锐意改革，吸收西方先进文化，创造发展现代市场经济的前提条件，是日本近代社会改革的一大特点。1853年，美国舰队闯进日本东京湾，给日本带去了西方文明影响，打开了日本人的眼界，使日本人开始认识到日本原有的社会文化传统、政治制度、经济结构都存在着严重的弊病，很有必要进行彻底改革。于是日本各界的精英开始了改革日本现实的积极探索，并且迅速确定改革目标，立即付诸实际行动，采取了大刀阔斧彻底改革的坚决措施。1868年，日本推翻了封建专制政府，颠覆了落后的传统文化，开始学习资本主义的政治、经济、技术、文化，坚定地走西方资本主义政治民主改革之路，发展自由资本主义经济，决心建立现代资本主义经济社会。改革目标确立之后，其前进之势如暴风骤雨，涤荡一切障碍，义无反顾，勇往直前，快马加鞭追赶西方发达国家，希望尽快跻身世界强国之列。首先改革政治制度，组织新的政府，制定发展资本主义民主和资本主义市场经济的政策和法规。继而大力发展以国有企业为龙头的现代经济，支持私有经济，保护私人企业，培植财阀集团，扶持民族工商业的发展，在推动国内制造业发展的同时，大力发展对外经济贸易，开辟国际市场，参与国际竞争。在前进的过程当中，发现问题，立即解决。例如，针对当时出现的官企勾结①（安忠荣，2004），国有资产严重流失，国企亏本经营，官僚、政商贪污腐败十分严重等社会问题，日本政府采取了坚决措施，将赤字经营的国有企业廉价地卖给私人企业家②（加藤弘之、丁红卫，2008），以求斩断政、商勾结的链条，铲除贪污腐败的根源，而不是选派政府官僚代替企业家管理企业，从而避免了国有企业长期亏损下去的局面③（张维迎，2004），不至于使经济之水越搅越浑。与此同时，在文化思想领域，全面学习西方资本主义思想文化，广泛吸纳西方资本主义政治、经济思想理论，改造日本旧的传统文化思想，使之适应现代经济

---

① 〔韩〕安忠荣：《现代东亚经济论》，田景等译，北京大学出版社，2004，第157页。

② 〔日〕加藤弘之、丁红卫：《日本经济新论：日中比较的视点》，中国市场出版社，2008，第57页。

③ 张维迎、盛斌：《论企业家——经济增长的国王》，生活·读书·新知三联书店，2004。

社会发展的需要。但是也保留了日本传统中的精华部分，注重照顾大多数民众的利益，比较关注贫困阶层，力求社会稳定发展。例如，低工资、高就业、终身雇佣、最低社会保障等制度长期保持不变，致使日本能够出现贫富结盟、举国一力、坚持改革、共度时艰的社会现象。这种目标明确、态度坚决、措施切实、执行得力的全民积极追求的结果，奠定了日本现代资本主义经济发展的坚实基础。

（2）"二战"爆发之前的日本经济社会突出特征。"二战"爆发之前的日本国家掌控经济，财阀垄断市场，向外输出资本，发展军事工业，掠夺他国资源，奠定了日本现代市场经济发展的基础。日本从1868年明治维新开始学习西方，赶超强国，运用国家权力和多种政策手段，加速经济社会发展。这方面的举措包括：移植西方资本主义先进技术和管理制度；建立现代产业结构；设立现代银行，建立现代金融体系；扶持私人资本，发展私有经济，加速原始积累，建立现代工商业体系；充分利用国内廉价劳力，制造廉价商品；发展外贸经济，利用商品价格优势，参与国际竞争，打压国际竞争对手；对外发动侵略，掠夺别国财富；对外输出资本，利用外国资源，积累资本和财富等。这一切在19世纪末20世纪初霸占中国台湾、澎湖列岛（1895年），侵吞朝鲜半岛（1905年），强占中国东北地区（1905年）时表现得尤为突出。一百多年来，日本一直在"富国强兵"的口号下走着一条通过强兵而富国的道路。这一点可以说是日本社会制度的不变的基因。

"二战"之前的日本经济，最显著的特征是政府支持、保护、培植一批财阀垄断企业，致使生产经营和社会资本高度集中。例如三井、三菱、住友、安田、鸿池、川崎、贝岛、大川、久原、古河、大仓、浅野、藤田、日清、安川等控制着日本经济命脉的垄断集团，都是得到日本政府支持、保护而发展起来的大型企业集团。"二战"之前的财阀资本多是由商业资本和高利贷资本转化而来的。与此相应，以国资垄断企业和财阀垄断企业为主体而形成的日本经济具有以下一些突出特点：封建家族的闭锁性，资本股份和经营人员的内控性，经营种类的多样性，经营项目和生产技术的分散性，企业对政权的依赖性，商业垄断的政治性，市场竞争的不完全性，经营领域的传统性，产业发展的不均衡性，产业结构的不完善性（例如，多为轻纺、铜矿、煤矿等而无重化工业），尤为突出的是为了向外扩张侵略而不断增加军需工业的企业经济的军事性。

以上这些特征突显政府强力掌控经济和大企业主导市场两大特点。而正是这两大特点使日本达成了工业化初期阶段追赶西方先进国家的愿望。据此而论，不能不说日本"二战"之前的经济成就主要归功于政府适度掌控的低成本、高效率和私营巨型企业的规模效应。

（3）"二战"期间日本经济社会的突出特征。二战期间，强力的政府干预，严厉的经济统制，生产与资本高度集中，支持疯狂的军事侵略，刺激并造成了日本现代市场经济的畸形发展。日本经济的军事性和政府对经济的统制性，显示出日本经济是一种特殊的高度集中的"计划经济"。1931~1945年，军事经费占国家预算的比例节节攀升。在此期间，日本政府承担了军事产业的巨额贷款和全部风险。另外，通过军事订货推动社会资本向军工生产转移，在主要产业部门建立了"统制会"，强制性地把大、中、小企业全部纳入军需生产的轨道。国家资本和财阀资本联合兴办的60家"国策公司"，全部直接为法西斯侵略战争服务。①日本经济的军事化和政府对经济的严厉统制，促使日本生产和资本的迅速集中，既强化了原有的老财阀集团，又催生了一批新的财阀集团。日本的新旧财阀集团无一例外地在日本对外侵略中起了帮凶作用，但是对日本经济发展起了极大的推动作用也是不争的事实。撇开战争的目的而论，高度集中的经济对于调动社会资源和资本全力解决主要发展任务显然是有效率的。这说明如果政府干预适时适度，对经济发展的促进作用也不容忽视。不过，政府干预主要是政策的引导和法规制度的制定，而不应该是对企业过多的限制和监管，否则就无法避免腐败行为的发生。当时的日本和后来的韩国在这方面的经验教训很值得后发展国家注意。

2. 交叉持股制度形成和巩固时期的日本经济社会突出特征

"二战"之后世界政治格局发生了根本变化，日本的国事受到美国军事占领当局的强力干预，全面推行了政治民主化和经济自由化的同步改革，因而促使日本经济得以快速恢复和高速增长，并且创造了经济发展的"日本奇迹"。

如前所述，日本的资本主义经济从明治维新到"二战"结束近80年中走了一条独具特色的道路。其主要表现是封建性的色彩很浓，政府的干预性极强，军事化的特点极为鲜明，生产和资本高度集中，产业发展很不均衡，市场发育很不充分，市场经济制度很不健全。在此基础上形成的战后经济便具有不同于欧美资本主义的诸多特征。

---

① 朱明：《日本经济的盛衰》，中国科学技术大学出版社，2004。

交叉持股的作用机理及经济后果

（1）为了生存的需要恢复统制经济并实行民主改革。1945年8月日本战败投降，国民财富45%以上毁于战火，40%的城市变成了废墟。与战前相比，工业生产下降70%以上，生产资料生产下降90%，消费资料生产下降70%，农业生产下降40%。[1] 日本政府首先恢复了统制经济，政府严格控制物资、资金、价格、外贸。美国的粮食进口和日本农业技术改造，逐步解决了吃饭问题，社会初步稳定。日本政府在美国占领军的督促与帮助下，进行了一系列政治的和经济的非军事化改革，其核心是在政治民主化的前提下实行经济民主化和资本自由化，其具体措施主要包括解散财阀、农地改革、劳动立法。在工商企业方面解散财阀，化小企业，排除集中，分散股权，压制财阀资本，防止其再度发展大规模的军事工业。资本自由化促进了企业之间的市场竞争，催生了一批现代产业，改变了日本的产业结构。劳动立法保护了职工的权利，改善了劳资关系，稳定了职工的工作岗位。这些制度改革措施为日本经济的恢复和发展奠定了基础。

（2）适应美国重新发动战争的需要再度发展军需生产和出口贸易。1950年，日本获得了一个发展的契机，这就是美国发动了朝鲜战争，需要日本支持。于是，日本由美国的敌人变成了美国的盟友，充当了美国在东亚地区反苏反共的代理和帮手。日本企业大量接受美国订货，为美国的侵朝战争提供后勤支援，于是为战争服务的军需生产再度畸形发展起来。朝鲜战争给日本经济发展提供的这个机

---

[1] 朱明：《日本经济的盛衰》，中国科学技术大学出版社，2004；张德明：《东亚经济中的美日关系研究》，人民出版社，2003。

· 48 ·

会，拉动了日本经济的全面发展，使日本的出口贸易额大幅度增加，由此而促进了日本外贸主导的外向型经济的发展。1946~1955年10年间日本的GDP平均增长率为9.2%。①

（3）多次掀起交叉持股运动组建巨型企业集团。随着1949年、1953年和1958年三次《反垄断法》的修改，放松了对日本企业联合的限制，日本企业界多次掀起交叉持股的运动，日本企业特别是巨型企业集团之间进一步调整了交叉持股的范围和规模。1964年日本放松了对资本跨国交易的管制，1967年修改了《商法》第280条对企业配股的限制，再度鼓励企业交叉持股，交叉持股又掀起了一轮高潮。由于没有受到冲击的银行与工商企业的持股制度进一步发挥了壮大银行自身及其所支持的企业的作用，形成了事实上以都市银行为核心的企业集团的整合，产生了一大批远比原财阀企业规模更大的企业集团和企业集团联盟。这些巨人企业集团无论在国内生产或向海外扩张方面都产生了明显的规模经济效应和扩张的强势。

（4）发挥比较优势，赶超先进国家，创造高速增长奇迹。日本在战后经济恢复的基础上，采取了一系列发展市场经济的重大措施，诸如改革税制，发展金融市场，加大建设资金筹集的力度；扩大企业的规模，调整产业结构，重点发展重化工业和电子技术工业；扩大对外贸易，发展外向型经济，增加对外投资；提高国民教育水平，重视科学技术引进和发明创造；压低工资，提高就业率，刺激消费，拉动内需；建立社会保障制度，稳定社会民心，等等。这一系列重

---

① 朱明：《日本经济的盛衰》，中国科学技术大学出版社，2004。

大政策措施的实行，使日本经济获得高速增长。1968年，日本超过德国成为资本主义世界第二经济大国。1978年，日本国民经济生产总值超过苏联而跃居世界第二位（朱明，2004）。

3. 交叉持股制度持续发展时期的日本经济社会特征

（1）壮大资本实力，扩大企业规模，分散投资风险，提高国际竞争实力。从20世纪末至今，日本企业界为了不断扩大企业的规模，壮大企业的资本实力，有效地抵御高额投资的风险，更能承受市场利润减少的压力，提高企业的国际竞争力，依然坚持发展交叉持股制度。很多以交叉持股为基础形成的企业集团及其联盟仍在扩大规模、壮大实力中发展着，而且其发挥作用的范围更大。例如新日铁、住友金属及神户制钢三大钢铁企业不断增加交叉持股比例，保护自己免受敌意收购者的觊觎，同时也增强了国际竞争实力。2002年，钢铁产量居全球第二位的新日铁（Nippon Steel）和日本第三大钢铁企业住友金属（Sumitomo Metal Industries）交叉持股50亿日元，日本第四大钢铁企业神户制钢（Kobe Steel）对新日铁和住友金属分别持股30亿日元。2007年底，新日铁与住友金属各增加1000亿日元（合8.82亿美元）的对方股份，新日铁所持住友金属工业公司的股份由原来的5.01%提高至9.4%，超过住友商社成为头号股东；而住友金属工业公司所持新日铁股份由原来的1.81%提高至4.1%；新日铁与神户制钢，住友金属与神户制钢则分别增加了150亿日元的对方股份。① 不仅是国内企业间的交叉持股不断加强，

---

① 《日本新日铁和住友金属拟合并缔造全球第二大钢企》，中国矿业网，2011年2月。

第二章　交叉持股制度的历史演进与动因

而且与国际企业间的交叉持股也呈现强劲的上升趋势。全球第二大钢铁企业日本新日铁与全球第三大钢铁企业韩国浦项制铁自2000年8月签订战略合作联盟协议后，不断地增加交叉持股数量，在新产品研发、技术改造以及原材料采购方面加强合作。2006年10月，双方进一步扩大了资本和业务方面的合作范围，在浦项已拥有新日铁2.17%股份、新日铁拥有浦项3.3%股份的基础上进一步交叉持股，新日铁再度购买浦项2%股份，价值4451亿韩元（合4.65亿美元或3.68亿欧元），浦项也拿出相同的资金购买新日铁1.64%股份①，相互成为彼此的大股东，借以应对钢铁业巨擘安赛乐米塔尔（Arcelor Mittal）等国外竞争对手的挑战。在交叉持股的基础上双方进一步加强了业务联盟，在诸如联合开发澳大利亚或其他地方的矿山、铁矿石等原料运输、互相供应钢坯等方面加强合作。由此可见，交叉持股在增强企业国际竞争力方面起着举足轻重的作用，在经济全球化的大背景下仍然在国际市场竞争中发挥着不可替代的作用，其生命力之强大，至今仍不可估量。

（2）交叉持股在日本经济泡沫形成与破灭过程中的推波助澜作用。20世纪末，日本的股价与地价飞涨。按照正常的发展情况，股价与地价的增长应该与实体经济的增长相适应而略呈上升趋势，虚拟经济的上涨的幅度与实体经济增长的幅度不应该相差太大。1985年9月，日元升值，大量国际热钱流入日本，致使日本出口瘫痪。继而日本政府调低利率，进一步加剧了流动性泛滥，引发了股市和楼市的泡沫。1986～1989年日本经济的年均增长率为5.5%，而同

---

① 《新日铁加强同浦项合作》，新浪网，2006年9月。

期的资产价格却增加了100%～200%。1989年比1985年股价总额上涨2.7倍,地价上涨69.2%;其中,1987～1989年股价上涨90%以上,1990年的地价比1985年上涨80%以上。① 显然,日本当时的股价与地价的上涨速度严重地偏离了实体经济,造成了虚拟经济的虚假繁荣。与此同时,日本金融机构在海外大量贷款,其贷款总额竟然超过了GDP的规模(安忠荣,2004)。② 企业间交叉持股制度也对经济泡沫的形成起到了推波助澜的作用,其作用机理就是虚增资本的滚动虚增效应。

然而,到1990年底1991年初,日本的经济开始崩溃。1991年,野村、大和、日兴、山一4大证券公司舞弊的丑闻曝光,股价立即大跌,1992年比1989年最高值下跌一半以上。从1986年底到1991年初连续53个月形成的经济泡沫破灭,日本资产价格暴跌800兆日元③,民间需求几乎完全崩溃,政府的16万亿日元的支撑无济于事,民企设备投资下跌至-10.1%。日本经济陷入了长期萧条的阶段。1992年、1993年、1994年连续三年出现了零增长。1995年股市又下跌40%。致使1990年萧条下来的日本经济一蹶不振20多年,至今还看不到经济重振的迹象。在此期间,交叉持股形成的资本链条上的企业,在多米诺骨牌效应下接连破产,充分体现了交叉持股的负反馈效应。

---

① 朱明:《日本经济的兴衰》,中国科学技术大学出版社,2004,第77～78页。
② 〔韩〕安忠荣:《现代东亚经济论》,田景等译,北京大学出版社,2004,第19页。
③ 〔韩〕安忠荣:《现代东亚经济论》,田景等译,北京大学出版社,2004,第156页。

（二）日本交叉持股制度的历史成因

1. 从单向参股到双向交叉持股是日本历史传统的延续

日本交叉持股制度是由"一战"之前的法人企业单向参股制度发展而来的。"一战"之前的法人企业单向参股形式基本上是"金字塔"形的纵向持股形式，即母公司持有子公司的一定份额的股份，子公司持有孙公司的一定份额的股份，同一企业集团内形成自上而下的连环式的资本控制、产权控制和经营方向控制的上控下制度。这种单向的上控下的资本连环控制制度反映了日本经济体一贯的政府强力干预、上级严格掌控的历史传统。"二战"之前，日本的企业交叉持股制度主要表现为同一财阀集团的所属企业与其主银行之间因融资关系而形成的银行持有企业的股份并且派员监督企业经营的银企关系，其次表现为企业集团核心控股公司对其下属子公司、孙公司的层层控制的纵向一体化关系。"二战"期间，日本实行严厉的统制经济，军需工业畸形发展，所有企业均受控于政府部门，都服务于侵略战争。交叉持股在使日本企业实现纵向与横向交织的一体化过程中发挥了很大的作用。"二战"之后，日本企业之间的交叉持股制度安排由银企关系发展到生产企业与生产企业之间的关系，由原属同一财阀集团的企业之间的纵向交叉持股发展到不同财阀集团的企业之间的横向交叉持股。随着日本经济增长和日本企业向国外扩张参与国际市场的激烈竞争的规模扩大，日本企业之间的纵向交叉持股和横向交叉持股安排越来越普遍，交叉持股的对象由本国企业发展到外国企业，并且持续发挥着推动日本经济持续快速增长的积极作用。

2. 美国政治强力干预日本经济的结果

1945年8月15日，日本战败投降，美军占领了日本。美国占领军总司令部秉承美国政府的指示，敦促日本社会进行政治的和经济的全面的非军事化改制。在政治领域实行政治民主化改革，在经济领域推行经济民主化和资本自由化政策。

经济民主化的措施主要包括三个方面：一是农地改革，二是解散财阀，三是劳动立法。农地改革政策限制了在乡的和进城的地主占有的土地数量，而将地主多余的土地由政府收购来低价卖给或租给佃农耕种，因而使地主和佃农各得其所，创造了农村经济发展的和谐环境，解放了农村生产力，提高了农业生产的效率。劳动立法建立了新的劳资关系，保护了劳动者的基本权利，稳定了劳动者的队伍，提高了劳动者的工作情绪。解散财阀的措施分散了旧财阀的资本，化小了旧财阀所属的企业，并且从企业高管层人事安排方面排除原财阀家族对企业的控制，不允许财阀家族成员担任企业高层的重要职务，从而在一定程度上消除了财阀垄断资本的封建家族式统制，瓦解了财阀企业的内部结构，切断了财阀组织及其人事上的纵横关系，降低了日本产业和资本的集中程度，削弱了财阀企业对市场的垄断控制力度，在很大程度上创造了日本国内市场比"二战"前宽松的自由竞争环境，为大批中小企业产生、发展和新兴的经营管理者登上经济舞台提供了极为有利的条件。

美国政府和美国占领军之所以对日本财阀和财阀垄断企业采取如此严厉的措施，根本原因是日本财阀集团和财阀垄断企业在"二战"中起过支持日本法西斯侵略战争的恶劣作用。在"二战"期间，日本财阀集团及其垄断企业不但为日本侵略军提供了大量军需物资和经费，支持日本法西斯政权，而且也干预日本政府的组织结构、人事安排。一些财阀成员直接参加政府和军事机构担任要职，有很多财阀直接参加战时统制组织，直接或间接从事战争犯罪活动。例如，由日本国家资本和财阀资本联合兴办的直接为侵略战争服务的"国策公司"，其总资本额占全日本股份资本的1/3以上。所有在被侵略国活动的国策公司都是吸收了财阀资本而创办的。在看到美国政府通过美国驻日本占领军司令部敦促日本政府解散日本旧财阀集团，防止日本封建财阀复辟的政治的、军事的主要原因的同时，我们也必须看到美国之所以对日本经济采取极其严厉的政策措施，限制日本财阀垄断经济的发展，其真正目的并非是为了促进日本经济的发展，而是为了消除美国在亚洲的经济竞争对手。1947年日本《反垄断法》出台，主要是为了达到这个目的。

由此可见，"二战"后日本旧财阀被解散的原因不是日本经济自身发展的必然结果，不是出于市场经济机制下产生的必然要求，不是市场经济条件下自由资本主义企业发展的内生性表现，而是政治的人为的外部性的行政行为，是政治强力干预经济的结果，是意识形态强烈影响经济政策的表现。政治干预经济，经济干预政治，政治制度和经济制度互相制约，这是人类社会历史的必然规律。因而对一切经济现象进行分析便不能脱离对政治的分析，研究经济就不能不研究政治。

3. 防范外资恶意收购，保护财阀和政商的既得利益

如前所述，"二战"结束之后的日本，在政治民主化的基础上实行了经济民主化和资本自由化。美国占领军为了防止在"二战"中支持日本法西斯侵略战争的财阀集团再度控制日本经济和政权而采

取了一系列的打压日本财阀集团的措施，诸如解散财阀控股公司，拆散巨型企业联盟，化小财阀企业，分散财阀资本，强制财阀出让股份给其职工，分散股票所有权，限制财阀家族成员在企业高管层任职，通过劳动立法保障工人的权利，提高工人的地位，制定《反垄断法》，提倡完全竞争，放宽金融统制和对外国资本的限制，允许外国资本流入收购日本企业或建立外资企业等。1952年，日本阳和地产被美国资本收购，引起一贯不允许外国资本在日本办企业的日本政府和企业界的极大震动。日本民族主义资本为了控制原属企业，对抗外国资本敌意收购，在被分解化小的原属企业之间，以及主银行与其各自相关企业之间，建立了交叉持股制度，联合起来集体防范外资收购。各个交叉持股企业的高层管理人员组成明散暗联、外松内紧的经理联系会，实际上仍发挥着控制、指挥各公司的作用。这样做的结果团结了日本民族工商企业的力量，集结日本民族的社会资本，扼制并对抗外资（主要是美国资本）的收购，从而保卫了日本的民族经济。

二　其他发达国家的交叉持股状况

除日本以外，世界上许多发达国家都或多或少地存在着交叉持股的情况。由于各国的公司治理特征不同，德国是内部控制主导型的公司治理模式，韩国是家族控制型的公司治理模式，英美是外部控制主导型的公司治理模式，相应各国的交叉持股也具有不同的特征。因此以下主要选择几个较为典型和具备代表性的国家的交叉持股状况做简要介绍。

第二章　交叉持股制度的历史演进与动因

(一) 德国企业交叉持股状况

德国与日本一样，证券市场相对落后，因此形成了与英美模式不同的以银行为中心的内部控制主导型的德日公司治理模式。日本的交叉持股主要是通过主银行制（Main Bank）来实现金融资本对产业资本的控制；在德国则是采用综合银行制（Universal Bank）实现金融资本与产业资本的结合。银行不仅是企业资本筹措的重要手段，而且对工商企业的经营也具有极大的影响力。1961年7月10日颁布的《银行法》明确指出，凡是从事银行业务且规模达到商业化、有组织水平的企业都是信用机构，从法律上为银企之间交叉持股的普遍盛行创造了宽松的环境，也为综合银行作为主导的金融体系的发展提供了制度空间。1965年9月6日颁布的《德国股份法》指出"交叉持股企业是指拥有另一个企业1/4以上的股份且住所在国内的有关联关系的资合公司"；并且分别规定了持股公司的通知义务、被通知公司的公告义务以及持股公司的"权利的限制"三项制度来规范持股公司的交叉持股行为。19世纪70年代的工业革命使得产业和商业对长期信贷资本的需求加大，进一步促进了银行资本向工商资本的渗透。崔学东（2006）指出，德国的交叉持股比例比日本高，银行直接持股成为企业的大股东，通过董事会直接控制企业的生产经营决策。综合银行拥有持有工商企业股权的权利，通过交叉持股形成的财团控制了德国的建筑业、电器、钢铁、机器制造业和商业等重要行业的重大企业。同时综合银行还通过关系贷款和监事会席位进一步在公司治理结构中处于主导地位。陈志昂（2003）指出德国交叉持股导致银行内部人控制，同时指出有效的金融监管可以在一定程度上替代银行业外部监控从而克服内部人控制导致的信息不对称问题。

以综合银行为核心的银企交叉持股和综合银行对集团内成员企业的经营管理的强有力的控制构成了德国企业交叉持股的主要特征。

（二）韩国企业交叉持股状况

韩国是家族控制型的公司治理模式，家族成员控制了企业的股权和主要经营权。政府对企业有很大的主导作用，企业集团内部家庭式的管理导致公司决策家长化。与日本和德国类似，韩国也存在大量的企业集团内部的交叉持股和企业集团间的交叉持股，但是与日本的企业集团（Keiretsu）和德国的企业集团不同的是，韩国的企业集团（Chaebols）中银行对企业的控制程度相对较低，不存在类似日本的主银行或德国的综合银行对企业集团的集中控制。直到1998年才废止的影子投票条款（Shadow Voting）曾一度禁止所有的金融机构对企业决策进行投票，从法律层面削弱了韩国银行对工商企业的监管作用，降低了银行对企业的持股意愿。与日、德模式相同的是，韩国企业的资金来源仍然主要依靠负债，例如，1997年韩国前30家财阀企业的平均负债率达到521.5%，而绝大部分的银行贷款则是由企业集团中相互交叉持股的企业提供担保的，韩国的企业集团间的交叉持股率接近50%。[①] 集团内部的成员企业间大量的交叉持股，企业集团间的密切联系也进一步相对削弱了银行对集团内其他成员企业的控制。由于银行对企业监督管理的力度要比德国

---

① 周建军：《财阀毁灭资本主义（二）》，《21世纪经济报道》2012年2月24日。

和日本小得多，给作为控股股东的财阀创造了利用其控股所有权和内部操作大量剥削公司财产、侵犯小股东利益的机会。

交叉持股在韩国表现出来的重要特征主要体现在企业集团间的交叉持股形成财阀集团和银行对工商企业经营的控制力度较弱两个方面。

(三) 美国企业交叉持股状况

与日、德模式不同的是，美国的证券市场发展较为成熟，政府一般不直接干预企业的活动，只是通过货币政策和财政政策间接地引导和影响企业的经营活动。美国的公司治理模式是外部控制主导型的公司治理模式，公司股权分散，机构投资者占主导地位，保持距离型银企关系，银行在整个金融体系中的作用相对较弱。对企业之间的横向和纵向的交叉持股都没有严格的限制，但是美国相关法令严格禁止金融机构持有企业的股份，因此极少有金融资本参股产业资本的情况。不同于日本的以主银行为核心的双向交叉持股特征，美国则是以机构投资者对股份公司的单向持股为主要形式，形成了以机构持股为主体与个人持股并存的股份制度，股权相对分散。

美国交叉持股的表现形式大多是企业间的上下游企业的纵向交叉持股或横向多元化的交叉持股。

三 中国交叉持股制度的历史发展与现状

(一) 中国企业交叉持股的历史发展

在中国，现代企业交叉持股制度形成的时间远比日本为晚，而且事实上也是学习借鉴了日本的交叉持股的经验而形成和发展起来的。虽然中国早在清代就已经出现商铺之间或单向参股或双向参股的萌芽，但是中国现代企业之间的交叉持股制度却不是由中国资本主义萌芽时期的参股制度直接发展而来的。据一些关于近代晋商和徽商历史研究的资料来看，清中叶至清末，晋商和徽商的一些铺号就有了某个总号向其分号投资参股助其分号独立经营的类似于纵向参股的做法，也有某个商号向其他商号投资参股类似于相互持股的做法，还有某些商号投资某个票号或者某个票号投资于某些商号的类似银企合作的做法。这一切虽然都可以看作是中国企业（商铺）交叉持股的萌芽，但是因为这种现象还不普遍，远没有形成一种企业经营的传统，远没有形成一种企业经济制度，中国的资本主义发展便产生了断代，所以不能说交叉持股制度在中国古已有之，不能说已经存在中国式交叉持股制度的路径依赖。

中国现代企业在 20 世纪初出现之后，自由资本主义尚未充分发展，市场经济制度尚未完全建立起来，社会经济制度就因为政治制度的剧烈变动而发生了改变。中国由于政治的强力干预而直接步入了政府集中控制的计划经济时期，因而从清代中期到 20 世纪中期的 100 多年中都没有形成真正意义上的企业法人交叉持股制度。到 20 世纪后期，中国台湾和中国香港开始出现企业交叉持股的制度安排。直到 20 世纪末期，中国内地才出现现代意义的交叉持股制度安排。1990 年，国务院发布了《在治理整顿中深化企业改革强化企业管理的意见》，建议通过企业之间相互参股或相互持股来深化股份制改革。1991 年，国务院在批转国家体改委等《关于选择一批大型企业集团进行试点的请示》中，提倡通过公有制企业之间相互参股、控股来组建和发展企业集团，主要目的是为了解决国企资金瓶颈及国家产业结构调整等问题。1992年2月深圳市政府发布的《深圳市股份有限公司暂行规定》和1992年5月国家体改委发布的《股份公司规范意见》都规定一个企业拥有另一企业10%以上股份时，后者不能购买前者的股份，前者必须在10天内通知后者，同时，禁止子公司、子企业认购母公司的股份。这些规定限制了子公司对母公司的交叉持股。可以说这是我国提倡和试行交叉持股的初级阶段。1998年辽宁成大与广发证券试行交叉持股可以看作中国企业开始实行大规模交叉持股的突出标志。2003年8月，成思危在《中国市长论坛》上明确提出国有企业可以通过交叉持股解决我国上市公司中的"一股独大"的问题。2004年12月，国资委提出了中央和地方国有企业相互持股促进国企改制的方针。2005年以前因公司治理需要而推行国有企业交叉持股，2005年以后由股权分置改革又引发了一批上市公司实行交叉持股，到2011年上半年共有517家上市公司实行了交叉持股。

（二）中国企业交叉持股的突出特点

1. 交叉持股的行业偏向

我国企业交叉持股制度安排集中于生产性商业性企业参股金融企业。有统计资料证实，2006年，沪深上市公司交叉持股340例，上市公司参股银行361例，参股综合类券商270例，参股保险公司68例，参股信托公司68例，参股基金公司20例，参股经纪类券商8例（彭艳梅，2006）。这主要是由于2003年的《中华人民共和国商业银行法》第 43 条规定禁止商业银行从事信托投资和证券经营业务以及向非自用不动产投资或者向非银行金融机构和企业投资。这条法律规定明令禁止了银行持有企业的股份,导致中国的银行资本不能像日本和德国那样参股或控股产业资本。2009 年 10 月,财政部发布的《金融控股公司财务管理若干规定》指出,金融控股公司应当不断优化投资控股架构,简化投资层级,减少交叉持股。这条规定限制了金融控股企业间的交叉持股。但是并没有相关法律反过来限制企业参股银行等金融机构,因此导致中国的交叉持股呈现产业资本参股金融资本的突出特征。我国交叉持股安排的这种行业偏向现象说明,我国的企业交叉持股方向主要是由实体经济注入虚拟经济,更多起到的是推动虚拟经济发展的作用,但反过来虚拟经济的发展却未能起到推动实体经济发展的作用。产业经济内部的交叉持股数量较少,还未能在国民经济发展中发挥其应有的加大产业资本联合、增强企业实力、提升企业竞争能力的巨大作用。

2. 交叉持股的份额偏小

就企业交叉持股的份额来看,我国企业之间的交叉持股份额一般只在 1% ~ 2%,甚至在 1% 以下,远远比不上日本企业交叉持股动辄就是百分之四五甚至百分之十几、二十几,更比不上德国或韩国企业间交叉持股比例。虽然持股份额的大小不能说明交叉持股制度的成熟与否,然而总可以说明我国企业间交叉持股发展的程度还不算高。

3. 交叉持股资本运作的目的和导向

从实践的情况来看,我国上市公司实施交叉持股大部分是以资本运作、上市融资为主要目的的,很多被持股的金融机构就是上市公司股票发行的承销商。部分上市公司交叉持股的目的是进行非主业的短期投资，获取短期收益，在牛市行情中分享交叉持股财富效益。只有较少一部分交叉持股属于战略联盟型的长期投资关系。大多数企业交叉持股的短期行为倾向说明企业是把股市当作圈钱场所、把交叉持股当作圈钱的手段，在一定程度上使我国股市变成了赌场，有时甚至连赌场都不如（吴敬琏，2005，2008）。这说明我国企业交叉持股制度的发育还不健全、不完善，还有待进一步改革、健全和完善。

4. 交叉持股法律规制很不健全

我国目前还缺乏健全的关于交叉持股制度正常实施的法律规制，还不能把交叉持股顺利地引导上为生产企业正常融资的轨道，还没有比较完善的关于交叉持股企业的会计处理细则，还缺乏防止财务风险传导的会计处理办法，还缺乏防范吹涨虚拟经济泡沫的有效方法，也缺乏预防因为经济泡沫破裂而导致多米诺骨牌效应发生的方法，因此如何完善关于交叉持股制度的法规建设，还有很长的路要走。

5. 内部控制人侵害中小股东利益的现象亟待解决

已有大量实证研究表明，我国上市公司中存在着企业最终控制人通过交叉持股形成内部人控制的现象。内部控制人采取不正当的手段，侵害中小股东的利益，扰乱证券市场经济秩序，使股市不能正常发挥资本市场的资源配置作用。为了纠正这种偏向，有必要加大对上市公司财务治理的监管力度，完善上市公司的公司治理结构，真正发挥监事会和独立董事的作用，加强对上市公司的对外担保和关联交易的监管。同时应该加快有关上市公司的民事赔偿的法制建设进程，鼓励广大中小股东利用法律武器保护自身利益，从立法完善和执法公正两个方面保护中小股东的利益，对最终控制人利用交叉持股侵害中小股东利益的行为形成外部制约。此外，还应该充分发挥审计部门的外部监督作用，对上市公司的财务进行监管，防止上市公司的财务舞弊行为发生。

由于中国交叉持股在数量上、规模上都不像日本、德国和韩国那样具备典型性和代表性，加之能够获得的关于日本企业交叉持股的数据较多，因此下文主要以日本企业间的交叉持股为主要分析对象，适当结合其他发达国家和中国的企业的交叉持股行为的特征进行多视角的深入分析。

四　交叉持股制度形成和发展的经济意识形态分析

（一）经济意识形态学分析的基本出发点

经济社会发展的历史告诉我们，为解决经济问题而发生的经济制度的变革，不仅决定于社会经济结构和经济力量，而且必然要依赖经济所嵌入的社会的、政治的、思想的、文化的、伦理的、意识形态的和其他非经济因素的综合作用。这是因为，虽然经济基础决定上层建筑，但是上层建筑也会反作用于经济基础，二者的关系非常紧密。经济与政治总是不可分割地联系在一起。政治是经济的集中表现，经济是政治的核心。政治斗争说到底是经济利益之争，经济利益的追求不可能不反映到政治思想和政治活动中来。于是经济活动不可能不受意识形态的支配。因为同为上层建筑的经济制度、政治制度、文化制度、伦理道德等思想意识因素总是紧密联系相互影响的,所以经济制度的形成和发展不能不牵涉相关的政治制度、文化制度、伦理道德等意识形态问题。任何制度都是意识形态的产物。任何经济制度的建立和实施也都不可能不受意识形态的强烈影响。于是任何制度研究都不能不涉及意识形态研究。人类社会的任何一种意识形态都会受到不同意识形态的抵制,这是人类思想文化发展的规律。任何新的经济制度必然会遭到旧的经济制度的对抗,这也是经济发展的规律。以上几点理论认识就是我们对交叉持股制度的形成与发展进行经济意识形态分析的基本出发点。

(二) 交叉持股是不同意识形态博弈的结果

日本"二战"后的历史表明,尽管美国政府和美国占领军针对日本政治、经济制度采取的民主改革措施明显地改变了日本的政权运作的方向和维度,促使日本社会逐渐地改变传统的经济统制的惯性,部分地改变着家族企业的封建性体制,从而使日本战后经济发展向自由资本主义方向迈出了一大步,然而这种在外国强权施加压力下的强制性政治、经济改造却是很不彻底的。日本政权只是暂时被迫改变了战争扩张的目标,不得已而选择了和平主义的建设,实际上其统制社会经济生活、掌控经济发展方向、干预产业结构转型、影响企业制度改变和企业生产活动进展等方面,都没有发生本质性的变化。日本从"二战"前到"二战"期间形成并定型的"1940年体制"即政府强制性管制,一直贯彻、影响到现在日本的经济发展,这便是很有力的证明。在经济方面仅就解散财阀措施而论,当年只是解散了旧财阀家族直接掌控的控股公司,被改变的仅仅是原财阀

交叉持股的作用机理及经济后果

自上而下的控制方式,而原财阀所属的企业大多依然存在。所有依法被分散化小的企业,实际上还都掌控在原财阀或与原财阀关系密切的经营者手中。至于原财阀垄断集团所属的银行则没有受到触动,因此原来的银企关系并没有什么改变。所有被"斩首"、被拆散化小的原财阀集团下属的企业,为了抵御资本自由化形势下可能产生的外部敌意收购和兼并,相继做出了交叉持股的制度安排,组成新的经济联盟,从而形成了新形势下的资本联合、产权交叉,使多个企业及其资本"集结在一个资本系列之下"①,形成一个强有力的资本链条,依然发挥着财阀资本统制的作用,既维护了财阀集团的既得利益,也捍卫了日本的民族经济。例如,主银行被本系大企业持股的比例逐年增加,三菱银行 1953 年为 1%,1954 年为 13.9%,1958 年为 20.7%;三井银行 1954 年为 12.4%,1958 年为 17.8%;住友银行 1953 年为 4.5%,1958 年为 16.5%。② 除了同一企业集团内部各企业之间交叉持股之外,不同企业集团之间也会有打破原有的资本系列界限的资本组合,如大阪船舶、三井船舶的组合,以及各大企业集团在原子能企业组建时的组合。③ 各个交叉持股的成员企业的经理人员通过非正式组织"经理会"联系,彼此交流信息,共商决策,实际上仍起着掌控所有企业的作用。原财阀集团所属的企业之间和企业与主银行之间的交叉持股,巩固了原财阀之间的资本、生产和人员之间的联系,不同企业集团之间的交叉持股壮大了企业资本的实力,事实上形成了新时期的大型企业联盟。此外,各旧财阀

---

① 孙执中:《荣衰论》,人民出版社,2006,第 64 页。
② 朱明:《日本经济的兴衰》,中国科技大学出版社,2004,第 50 页。
③ 孙执中:《荣衰论》,人民出版社,2006,第 64 页。

第二章 交叉持股制度的历史演进与动因

系企业集团采取共同投资公司的方式开发新的产业，原有企业在新组建的企业中各自持有一定的股份，实际上又实现了资本的重新结合，又形成了一些新的企业联盟。例如，1955年，旧财阀系三大企业集团采取共同投资公司形式发展石化工业。1955年7月，三井石化公司成立，注册资本2.5亿日元，由三井集团8家大企业共同出资，其出资比例为：三井化学30%，三井矿山10%，三池化成10%，三井金属10%，东洋高压10%，兴亚石油10%，东洋人造丝10%，三井银行10%。1956年4月，三菱油化成立，注册资本2亿日元，三菱集团6大企业出资比例为：三菱化成22%，三菱人造丝22%，旭玻璃22%，三菱商事11%，三菱金属11%，三菱银行12%。与此同时，住友集团也成立了住友化学，其资金也来源于住友集团所属的各个企业（朱明，2004）①。从这些历史数据可以看出，各持股企业所持的份额虽然不多，每一家都不具有控股公司的性质和作用，然而由于各持股公司都是新组成公司的稳定股东，其联合力量之大，一足以支持新组建企业的营运，二足以抗拒外来企业的恶意兼并收购，从而有力地保障了日本新兴产业的发展，进而也促进并保护了日本的民族经济。

正是美国解散财阀统制措施的不彻底性，导致财阀利用交叉持股的制度创新来维护其既得利益。从股权所有者身份的变化来看，由旧财阀个人所有变为法人企业所有，这种企业股权法人化也是日本特有的制度创新。

如前所述，交叉持股制度安排是日本现代经济"发展主义的意

---

① 朱明：《日本经济的兴衰》，中国科技大学出版社，2004，第52~53页。

识形态创造出来的一种独特的产业文化"（高柏，2008）①，是日本企业家和企业界在"二战"之后出于捍卫日本民族经济和维护自身既得利益的目标追求而创造的一种独特的产权制度安排，是日本企业家和企业界在应对"二战"之后的新的环境挑战的互动过程中逐渐明确、逐步形成的战略选择，是日本工业、商业、金融业发展模式的制度创新的一个重要组成部分。

（三）交叉持股制度直接成因的经济意识形态学解释

1. 既得利益集团维护自身利益的需要

日本战败后，世界的政治、经济、军事的格局都发生了很大的变化。美国占领军接管了日本的控制权，制定了一系列解散财阀的措施，使得日本政治、经济制度环境发生了很大的变化。日本旧财阀不甘于被解散和被限制，在新的历史约束条件下要保护和追求自身的利益最大化，于是采取了一系列对抗解散的措施，企业交叉持股就是一种强有力的手段。很显然，日本交叉持股制度是日本企业界在生存意向驱动下有意识的安排，是日本企业界的集体选择，而不是个别财阀的个人经营管理方式的反映，是日本企业家和企业界自卫行动的加总机制，而不纯粹是旧财阀的个人行为。在政治、经济环境发生巨大变化的情况下，旧财阀为了尽可能地保持其对国家政治和社会经济的掌控，维护其既得利益，采取了交叉持股的制度作为应对措施，这正是既得利益集团的预期收益刚性引致的适应时

---

① 〔美〕高柏：《经济意识形态与日本产业政策：1931～1965年的发展主义》，安佳译，上海人民出版社，2008，第224页。

代变革的一种制度安排。

2. 政府强力干预保护民族经济

人类社会经济制度发展变化的历史事实表明，权力是社会强制性经济变化最有力的工具（海尔布罗纳，2007）。这种认识观点也可以从人类解决经济问题的三种方式——传统、命令、市场——的转变中得到证明（海尔布罗纳，2006）。人类解决经济问题的最古老的方法是依靠传统，其实那也是听从于某个权威（长者、酋长和智者）。工业社会出现以前，解决经济问题的主要方式是命令。现代经济社会解决经济问题主要靠市场，然而政府和其他组织的权力并没有退出，仍然发挥着市场不能完全替代的作用，特别是在一些特殊的时期（如战争、灾难、大规模突发事件）。将来政府会不会退出或在何时退出经济问题的解决，现在还不能预料。历史的事实是日本政府在"二战"后的经济恢复和发展中发挥了强力的干预作用。日本政府为了收拾战败之后的残局，恢复发展的元气，继续了"二战"期间的做法进行全民动员，实行经济统制，极力扶持民族企业经济，在美国政府和美国占领军的纵容下，制定并推行了一系列既保护财阀又鼓励竞争的宽松政策。例如，1947年5月3日实行的《日本国宪法》明文规定："政治民主化是经济民主化不可缺少的前提，而有了经济民主化之后，生产力才能得到真正的发展。" 1949年、1953年和1958年三次修改《反垄断法》，为财阀企业松绑；1967年修改《商法》，放松对企业配股的限制，加之放宽对企业贷款的限制，因而几度掀起企业交叉持股的高潮。这种政府的积极干预、强力指导，显然是继承了"1940年体制"，奠定了战后经济高速发展的"日本式经济体系的原型"（岗崎、奥野，1993）①。各大企业相互持有对方较大份额的股权或股票，相互成为稳定的大股东。在股价持续上涨的牛市期间，各企业的资产价值都因为其所持股企业的资产价值之增长而循环增长；在股价持续下跌的熊市期间，各交叉持股的盟友都不出售对方的股权或股票，从而维持财阀资本的稳定结合，实现财阀资本的互相保护。显然，交叉持股就是财阀资本在经济民主化、资本自由化的新经济形势之下的稳定集中，就是以财阀集团为代表的日本民族经济的一种有力的自我保护机制。这种"你中有我，我中有你，你控制我，我控制你，你支持我，我支持你"的互联网式的交叉持股形式，使日本企业家把资本控制得更牢更稳，因而也把企业的产权控制得更牢更稳，使日本企业既可以防止敌意收购，也可以避免自己破产的危机，有利于维护日本民族经济独立自主稳定发展的态势。企业环境与企业组织制度之间是一种互动性的匹配关系，二者必须彼此适应，企业才能生存发展。企业必须顺应环境的变化不断地进行组织制度的创新。而当所有企业组织都主动适应企业环境而改变了自身的企业制度的时候，企业环境也就发生了变化。新的企业环境与新的企业制度彼此协调适应，便可以保证企业的可持续发展。

3. 美国扶持日本经济发展

美国出于自身利益的需要，改变了对日本的态度，即由对日本敌对、限制、压抑转变为对日本友好、宽容、扶持。"二战"后日本

---

① 〔日〕加藤弘之、丁红卫：《日本经济新论：日中比较的视点》，中国市场出版社，2008，第5页。

第二章 交叉持股制度的历史演进与动因

投降之初，美国原本打算扶持中国国民党蒋介石集团，希望使之成为美国在东亚反共的前沿代理者，然而中国国民党很快就败于中国共产党，而1949年掌握了中国政权的中国共产党却明确地站在了苏联一边，于是美国便转而扶持日本，利用日本在东半球对抗中共和苏共。巴塞尔（1992）指出，当统治者发现给予臣民们更多的自由可以分享由更多的自由所激励出的更多财富，并且分给统治者的财富的增加可以抵消统治者因放弃独裁所增加的不安全感时，臣民的自由便会经双方约定而增加。1950年美国发动了侵朝战争之后，日本便成了美国在东亚的战争物资转运站和军需物资供应地之一。美国给"二战"惨败的日本提供粮食、食品和其他物资，向日本输入资本，大力扶持日本经济以满足战争"特需"。美国向日本大量订购武器弹药、运输工具和后勤物资，其价值在1950年达1.49亿美元，1951年达3.82亿美元，1950～1954年总计达30亿美元。[①] 原来的财阀企业通过交叉持股实现了新的资本组合，并且在对外贸易中增强了竞争实力。在美国扶持和朝鲜战争刺激下，日本经济很快恢复到"二战"前的水平。1946～1955年10年间的GDP年均增长率达到9.2%，为此后的经济腾飞奠定了基础。正如日本经济学家加藤弘之所说："朝鲜战争的美军特需使日本经济起死回生。"[②] 20世纪50年代，美国对日本经济由压制向放松的态度转变，再次导致制度环境的变化，在这种新制度环境下，日本的政治、经济制度又一次发生

[①] 张德明：《东亚经济中的美日关系研究（1945～2000）》，人民出版社，2003，第56页。

[②] 〔日〕加藤弘之、丁红卫：《日本经济新论：日中比较的视点》，中国市场出版社，2008，第6页。

变化，更进一步加速了企业间交叉持股的步伐，有力地推动了日本经济的新发展。

综上所述，日本交叉持股制度的产生与发展既符合意识形态经济学解释的规律，也符合制度经济学解释的规律，既有符合日本经济历史发展的惯性原因，也有符合战后恢复与发展要求的现实理由。据此可以看出，日本的交叉持股制度是日本在与美国博弈中的产物，是日本经济体参与世界博弈的结果。制度不会凭空产生，它既是历史的延续，也是现实的创新。日本的交叉持股制度是由国际政治、军事格局的变化而催生的，也是随着国际政治、军事局势变化而发展的。日本的交叉持股制度不仅是经济发展的产物，也是政治、军事斗争的产物。其产生和发展的原因既有经济方面的原因，也有政治的、军事方面的原因，不过其前期的产生主要是政治、军事方面的原因，后续的发展主要是经济方面的原因。当然政治、军事是经济的集中表现，政治、军事的原因说到底还是经济的原因。但是政治、军事和经济毕竟是有所区别的。不同的法律、政治、文化、社会制度和军事斗争的背景会产生不同的经济行为，而经济行为又会引致法律、政治、文化及社会制度等规则的变迁。

（四）交叉持股制度历史作用的经济意识形态学解释

1. 交叉持股制度是一种历史性的经济制度创新

从交叉持股制度的产生过程来看，它既是日本现代政治、经济发展的特定历史条件下的产物，也是当时的日本与美国的不同经济意识形态博弈的产物。"二战"后，日本旧财阀集团被解散，财阀企业被化小，明显不是日本企业经济自身发展的必然要求，而是美国政治强力干预日本经济的结果，是国际政治格局变化对日本政权和财阀企业逼迫的结果，是美国意识形态强烈影响日本经济政策的结果。继而产生的交叉持股是包括日本政府、原财阀集团、企业管理层在内的原来既得利益集团为在新形势的约束条件下实现自己的利益最大化而主动采取的应对措施，所以说交叉持股制度的形成是不同意识形态博弈的结果，是一定历史条件下产生的制度创新。

2. 交叉持股制度至今仍然是一种有生命力的企业经济制度

交叉持股作为一种工具、手段，在不同历史时期的具体安排形式可能会有不同的变化，其经济后果也会随着经济环境的变化而有所不同，但是只要安排得适当，它就可以发挥积极的促进作用。历史证明，交叉持股这种制度创新在现代经济发展中曾经起过明显的积极作用。例如，在20世纪曾经使日本企业联合起来对抗外资敌意收购，维护民族经济独立，推动国民经济发展，增强国际竞争实力，发展跨国公司或跨国联盟，加速向全球扩张等，使日本经济获得了高速增长。21世纪初，国际许多大型企业实行跨国交叉持股而且其持股率逐步有所增加。交叉持股在日本经济继续向外扩张、增加海外投资、发展国际贸易、不断提升国际竞争力、积极参与国际竞争、反哺本土经济、促进日本经济持续发展等方面仍然发挥着不可轻视的积极作用。例如，全球第二大钢铁企业日本新日铁与第三大钢铁企业韩国浦项制铁从2000年开始不断增加交叉持股的比例，至2007年已相互成为对方的大股东，以对抗世界第一大钢铁企业美国的安赛乐米塔尔的竞争。中国企业间的交叉持股曾经在推动股权多样化的进程中起过积极的作用，并且还将继续发挥其保护民族经济参与国际竞争的作用。例如，2011年中国电信与西班牙电信相互交叉持股。这些事实说明，交叉持股制度在经济全球化的进程中仍然显示着很强的生命活力。

3. 交叉持股有利于跨越意识形态发展国际竞争与合作

从交易成本理论的视点看，经济全球化背景下的企业跨国并购重组，是创造品牌提高核心竞争力的最佳途径。然而，由于国家不同、地域不同、民族不同、文化传统不同，特别是社会制度和意识形态不同，彼此之间必然存在着强烈的文化冲突的壁垒和严重的意识形态差异的障碍，使得并购重组在短期内难以实行，如果强行并购重组，很可能事与愿违，产生意想不到的各种麻烦，反而造成负面效应，大大提高交易成本。此时在解决矛盾的多种方法中，交叉持股可能因为交易成本相对较低而成为最合适的选择。跨国实行交叉持股，可以绕过法律的壁垒和文化传统的障碍，可以比较容易地化解文化冲突，而对企业所在国的员工产生为自己国家的、自己民族的经济发展和个人利益做贡献的激励，从而调动起其人力资源投入的积极性，可以绕过关税壁垒，甚至获得优惠待遇而降低企业生产成本，可以使跨国企业得到所在国政府和民众的认同，而在广告宣传、公众沟通、产品与服务的推销、财务结算和外汇兑换等方面带来较多的方便，从而降低成本，提高效率，拓宽未来的发展道路。意识形态的认同会使相关国家的掌权者、理论家以至企业员工、广大民众忽略许多细节而接受对方国家的制度框架和理论观点，从而逐步实现一层较一层深入的合作共事。而适时适度地参股和交叉持股是不同社会制度、不同意识形态的国家或地区的企业与企业家相互接触、彼此合作的重要起步之点，由此而往前发展，很可能达到顺利实现有利于双赢的企业并购或重组。

(五) 交叉持股制度发展历史的启示

任何经济制度的建立和实施都是占统治或优势地位的既得利益集团的意志的体现。不同的国家具有不同的内外部政治经济环境，存在不同的意识形态和不同的利益追求。经济制度的形成、维护与变迁都与各国所处的内部和外部的政治、社会、经济环境密切相关。

当外部政治、社会环境发生较大变化时，不同的意识形态发生明显冲突和博弈，博弈的结果往往会导致新的经济制度的形成。日本交叉持股制度的产生就主要是财阀集团为了维护自身的利益与美国的民主改革和自由资本主义改革措施博弈的结果。

当外部政治社会环境没有发生较大变化时，意识形态的冲突不明显，如果既得利益集团满足自身的利益的稳定获得，此时形成路径依赖，意识形态对经济制度的影响集中表现为对现行经济体制的维护。各国的交叉持股制度的持续发展都是意识形态对经济制度影响的体现。如果既得利益集团对现状不满，追求更大的利益，则形成经济变革的动力，意识形态对经济制度的影响集中体现为政府的经济体制改革。中国交叉持股制度的产生就主要是国内经济体制环境的变化催生的，主要目的是通过交叉持股组建企业集团解决资金瓶颈和产业结构调整，改变国有股"一股独大"，促进国有企业改制，推动我国市场经济的发展。

研究交叉持股的产生、发展的历史和经验教训，对于经济全球化背景下的后发展国家的国有企业改制和民营企业升级换代，特别是通过交叉持股组建大型企业集团走出国门，参与国际市场竞争，具有多方面的启示作用。例如，国家资本和私人资本稳定而有效的结合，资本与股权的多元主体结构的形成，稳定而廉价的资本供应和有效运用；企业集团内部因为信息交流顺畅与彼此信任度高而产生的公司治理的高效率和规模效应，积极吸引外资而又防止外资的敌意收购，保护民族经济的正常发展；集结资本研究新技术，开发新产品，打造企业品牌，增强核心竞争力，提高国际竞争力，吸引外资组建跨国公司，扩大对外投资，发展外向型经济等方面，就有很多值得学习借鉴的经验。

第三章

交叉持股制度的作用机理及经济后果

新制度经济学把交易成本的存在看成是企业产生的根本原因，把企业看成是为节省交易成本而组织起来的市场替代。企业替代市场，使外部性内部化，使市场交易机制转化为内部管理机制，其前提是节省交易成本。这种内部化的过程就是企业扩张的过程。法人企业通过交叉持股组建企业集团、集团联盟和企业网络就属于这种扩张活动过程。交叉持股发生作用的机理正是市场和企业互相替代的交易机理，其核心内容包括交易成本、产权结构、代理关系。

一 交叉持股制度的契约理论分析

契约是现代政治、经济领域中的一个重要概念。契约又叫合约或合同，其基本含义与合意、协议、承诺、约定相同或相近。一般是指人与人之间关于权利和义务的承诺。契约签订的原则是自愿、自由、公平、公正、合理、合法，对缔约各方都有约束作用。从契约论的观点来看，人类就生活在一个广义的契约联系的社会里。无数显性的和隐性的契约联系起一个世界。经济全球化本质上追求的就是全球契约化。

（一）市场契约与企业契约的主要区别

经济学所谓的契约泛指一切利益关系。它是一个人或一组人对其他人承担给付、作为或不作为的债务。新古典经济学企业理论把企业看作是一组合同关系即契约关系。在公司制组织形式下，不同资源的拥有者之间的关系都是契约关系。交叉持股制度所形成的企业网络内部的成员企业之间的资本联系、股权联系、所有权联系、产权联系、控制权联系等一系列联系，实际上就是契约联系（合同联系、合约联系）。交叉持股的所有企业都存在于一个由契约联系起来的网络里。

从契约经济学理论的角度来看，人类经济社会就是由无数个契约维系着的。企业是一组契约，市场也是一组契约，一切组织和交易都是契约。而企业交叉持股制度就是介于市场契约与企业契约之间的企业间网络契约安排。为了认识交叉持股网络契约关系，有必要先理解企业契约和市场契约的异同。首先，时限长短不同。市场契约的权利与义务承诺的实现时间间隔相对较短，企业契约的权利与义务承诺的实现时间间隔则相对较长。因此，市场契约一般是短期契约，而企业契约则大多是长期契约。其次，完备性程度不同。所谓完备性是指缔约双方是否都充分考虑到未来可能发生的一切情况并且约定了相对未来状况的办法。当契约预见到契约期间的一切可能情况，并且预先约定了处置办法，这叫做完全契约。由于人的理性认知的有限性、交易的不确定性、信息的不对称性、机会主义、道德风险等情况可能存在，缔约人和仲裁者不可能掌握全部信息，因而造成契约条款的不完整，这样的契约便是不完备契约。市场中的契约多数是短期契约，一般情况下具备签订较完备的契约的可能；而企业中的契约大多是长期契约，契约覆盖的期限较长使得在签订时较难对未来的情况做出充分的预测，因此很难订立较完备的契约。企业中的不完备契约可以通过关系契约、隐性契约和控制权力配置等方式进行补充并协调组织行为。关系契约是通过将签约者之间的关系结构化并设定共同预期，从而建立起制定决策、分摊成本和分享收益的具体机制。隐性契约是指签约者之间可能一时说不清楚彼此之间的权利和义务关系，但是可以依据惯例默认他们之间共同预期的关系。由于隐性契约不可能通过法律来实施，而必须依赖自我实施机制，所以它是纳什均衡。不完备契约还可以通过调整权力分配格局来约束和激励缔约者的行为。最后，执行机制不同。企业契约的制定和履行即企业决策的制定和执行、企业内部制度的制定和实施依靠的主要是权威和命令；而市场契约的执行依靠的主要是价格机制、法律和信誉，其核心主要是价格机制。企业契约用权威命令代替价格机制进行资源配置，用行政权力配置替代市场交易，可以通过减少讨价还价环节来节约交易成本。

（二）交叉持股制度的契约缔结特征

交叉持股形成的企业集团和企业网络是介于企业契约与市场契约之间的一种契约安排，因而兼具长期契约与短期契约二者的特性。虽然集团成员企业各自在法律上和经营上有其独立性，但是因为相互之间或者直接持有对方的股份或者具有间接的股权交叉关系，因而彼此要受很多或显性或隐性的契约的制约。交叉持股企业之间的一切沟通联系、支援配合、相互牵制、共担风险、共享收益都是在契约的约束下实现的。一般来说，交叉持股制度下的契约关系具有两个方面的特征。

1. 交叉持股企业间的契约是长期契约

横向交叉持股将原本相互竞争的企业纳入同一个企业集团之内，以成员企业间的长期契约替代市场上的短期契约，以集团内部的权威、命令和制度代替市场竞争的配置，减少竞争冲突，甚至部分地化竞争为合作，充分地利用市场和企业两个方面的优势，降低交易的成本，将外部市场竞争转化为内部协调。

纵向交叉持股将相互交易的企业纳入一个企业集团中，长期契约能将企业集团内部的成员企业间原来在市场上的一次性博弈转化为集团内部的重复博弈机制，以长期契约为纽带来减少市场交易中的不确定性。

2. 交叉持股企业间的合约是不完备契约

一切交易过程和交易后果都是难以预料的，因而需要彼此经常交流信息，随时协调经营管理的方针政策、方式方法。长期契约的重复博弈性使得不完备契约拥有了自执行机制。交叉持股制度可以把原本各自独立的相互交易、相互竞争的企业纳入具有资本联系、产权交叉关系的企业网络，网络中的成员企业通过"声誉"和"脚"对对方施加压力或惩罚，因而能够控制和制约由于机会主义破坏相互信任关系的不良交易行为，实现各成员企业之间的利益均衡。

（三）交叉持股企业间契约的执行机制

交叉持股制度下的契约的执行机制，既不同于企业内可以完全以行政命令代替市场交易，也不同于外部市场以纯市场交易手段达到目的。

交叉持股形成的企业集团和关系紧密的企业联盟，往往可以用组织权威代替市场价格进行资源的配置，因而有利于节约成员企业的交易成本。这主要表现为契约数量的减少、以长期契约替代短期契约、以隐性契约部分地替代显性契约、定价次数的减少、谈判成本的节约、应付不确定事件的能力增强。在日本，交叉持股形成的企业集团或企业集团联盟的内部往往是通过经理会这样的不受法律制约的秘密组织来发挥协调作用而实现配置的。James S. Ang 和 Richard Constand（2002）研究指出，实践证明日本企业的交叉持股制度为解决企业之间的委托代理问题和信息不对称问题提供了一个可行的替代方法。

交叉持股可以发挥企业间相互监督和相互抵押的作用。在长期交易关系中，企业为了避免准租金被掠夺，常常会选择以前进行过交易的企业而不是选择没有交易过的企业，交叉持股恰恰巩固了这种关系。交叉持股作为一种隐含契约，可以使成员企业从长期契约带来的交易费用的降低中获利。

由此可见，交叉持股契约实质是通过隐含契约的方式，建立并巩固相互间的资本联系与承诺。在契约条件制约之下实现收益共享，风险共担，抑制机会主义行为，减少代理成本，使企业集中注意力制定和落实长期决策，以求与包括供应商、客户、银行等机构在内的经营伙伴保持长期稳定的交易关系，从而降低交易成本。

（四）交叉持股的利与弊的契约经济学解释

1. 交叉持股在企业集团间形成契约关系

一个有效率的契约安排意味着剩余控制权（风险）与剩余索取

权（收益）的对应。未来收入的不确定性和契约的不完备性，使契约收入也可能存在风险。由于只承担有限责任，通常会激励股东选择高风险的项目，因为一旦成功，可能获得比选择低风险项目更多的剩余收益，而如果失败，则只以出资额为限承担有限责任，迫使契约受益人与其共同承担风险。"股东是企业所有者"只有在其他利益相关者的契约收益有保障的条件下才有意义。当其他利益相关者的契约收益无法保障时，一个有效的产权安排是，把企业控制权从股东转移到与契约收益相关的利益相关者。为防止股东的道德风险行为，从激励的角度看，在特定状态出现后，让作为契约收益人的利益相关者有一定的控制权是一种帕累托改进。企业与其债权人之间的交叉持股就是一种让作为契约受益者债权人享有一定的控制权的制度安排，使得债权人能以股东的身份干预企业的经营管理。

通过交叉持股制度组成企业集团，以长期契约关系代替短期契约关系，可以部分地克服机会主义和道德风险，从而通过减少成员企业之间的代理成本，鼓励集团内专用性资产的投资。如果集团内成员企业的个数较多，那么每一个成员企业的交叉持股份额和比例就可以减少。这样既可以与多家企业实现交叉持股契约，也可以获得规模经济效应。

交叉持股形成的企业集团内部长期契约的另一个好处是，可以获得集团企业内部其他企业有关信息的经济性。企业集团间的信息不对称的改善能加强利益相关者对企业的监管，保护投资者的利益。

然而，企业间交叉持股形成的长期契约关系也会带来相应的负面影响。以企业间的长期合同替代市场上的短期合同，有时也会面临对方的敲竹杠的行为。例如 Weinstein 和 Yafeh（1998）证明了在获得银行贷款时，与主银行有关联的被交叉持股的公司比独立公司往往支付更高的利率，这说明持股的金融机构倾向于借助自己的持股优势从被交叉持股的企业中榨取租金。长期契约必须要有可信的约束力，即要有可信的违约惩罚。但是不容忽视的是，成员企业通过长期契约缔结形成利益共同体，成员企业间的一荣俱荣和一损俱损效应，会加大资本市场的波动，扰乱资本市场的秩序，影响资本市场正常发挥资源配置的作用。

企业间交叉持股实际上是将市场通过相互竞争的资源配置机制转换为企业集团内部的相互协调、控制的资源配置机制。当交叉持股的企业集团的规模过大形成某种垄断，市场竞争的资源配置机制失灵，企业集团可以利用其垄断地位，仅通过提高垄断价格，就可以掠夺其他相关者的利益，造成社会净损失，此时引进竞争是卡尔多-希克斯改进，尽管企业集团的垄断利益可能受到伤害，但能使整个社会的利益增加，实现帕累托改进。

2. 交叉持股在投资者和管理层间形成契约关系

一般来说，不对称信息在劳动市场中占据主导地位，因而，存在着经理人逆向选择和道德风险的问题。在这种情况下，劳动市场不能仅依靠价格调节，它需要更多的信息和约束条件来规定。任何信息不对称条件下的交易都是一项契约。所以，股东与经理的劳动雇佣关系就是一种契约关系，并且是一种不完备契约关系。劳动投入并非以工资率等于劳动的边际产值这一条件为最优条件，因为劳动的实际投入的条件还取决于劳动者的努力程度。然而劳动者的努力程度具有不可观察性，对此必须通过长期契约来解决问题，因为长期的契约会造成一种重复博弈的局面。在重复博弈环境里，机会

交叉持股的作用机理及经济后果

主义欺骗行为将受到惩罚，合作将得到报答。在依靠自我执行而不是依靠第三者执行的契约中，缔约双方往往通过对未来报酬的预期来约束缔约双方现在的行为。我国国有企业中的"59岁现象"就是典型的短期契约造成的代理人对委托人利益损害的例证。交叉持股形成的长期契约关系可以在投资者和管理层之间形成重复博弈的关系，有效地减少管理层的机会主义行为。

由于敌意接管将导致经理的更换，而交叉持股可以防御敌意接管，因此可以将交叉持股制度看成是股东对管理层做出的不接受收购和不干预管理的承诺，是经理获得长期雇用契约的保障，有利于促使代理人放弃眼前的短期利益，追求长期控制权利益。此外，长期雇用契约也有利于经理积累经验，学习、掌握和提高专门技术和技能，进行人力资产关系专有性投资。Hiroshi Osano（1996）指出交叉持股的企业间形成的共同防御的相互承诺和共担风险的联盟可以从一定程度上解决因外部接管威胁所引发的管理层短视问题。由于外部敌意接管对成员企业的威胁消除，可以避免企业经理选择预期收益较低的投资项目，而选择预期收益较高的投资项目，从而避免企业经理的短期行为，提高企业的经营管理效率。总之，交叉持股在股东与管理层之间建立长期契约，有利于解决内部激励问题。但是，如果经理人的声誉市场和激励机制不健全，交叉持股制度就不一定能防止经理人的机会主义行为，甚至会因为经理人控制权地位的稳固而助长其机会主义行为。由此可见，交叉持股作为一种激励契约的设计会影响经理的合作态度和行为。

综上所述，交叉持股可以把许多原来由市场价格机制决定的竞争问题转化为企业集团内部的协调合作，把原来各个成员企业的分散决策转化为集团系统内的整体统一决策。交叉持股在成员企业之间建立的长期稳定的关系契约是市场交易和内部经营管理的折中,因而有利于规避市场矛盾,有利于节约交易成本。因此可以通过适度安排交叉持股来改善产业布局。在一些公共物品的生产领域,如国防、航天、交通、公共安全、大型基础设施建设等领域,通过交叉持股形成纵向一体化企业集团,有利于企业集中财力、物力、人力进行新产品和新技术研发,有利于企业统一调配各种生产要素发展生产,用企业集团内的权威代替市场上的价格发挥资源配置作用,有利于降低交易成本,提高经营效率。在民用消费品的生产和流通领域,在不改变市场的竞争性质的前提下适度的交叉持股也有利于经济增长。但是,如果交叉持股达到形成市场垄断的程度,哪怕仅仅是个别行业的小区域垄断,也会造成产品垄断和价格垄断的不完全竞争局面,从而会使产量减少,价格升高,讨价还价的余地消失,价格机制失灵,消费选择减少,消费者个人偏好得不到满足,消费者权利被严重剥夺,其结果势必造成社会财富的分配不均,贫富两极分化,社会总福利受损。此时,政府应该出面干预市场,通过限制垄断的行政或法律措施,出台经济政策法规,促使企业集团间的相互协调,以保证在社会总财富增加的同时提高社会福利,否则,只有解除交叉持股关系,拆分巨型垄断公司,从根本上解决市场寡占问题,才能实现帕累托改进。

显然,交叉持股形成的规模效应和资源配置效率具有正负两方面的作用,问题的关键仍然是如何制定政策,在适当的范围内适时适度地实施交叉持股制度,使其充分发挥正面作用而又不产生或少产生负面的影响。

二 交叉持股制度的委托代理理论分析

现代企业的根本特征是产权结构上的所有权与控制权分离。企业所有者股东作为委托人与作为代理人的企业经理人之间构成了委托代理关系。由于代理人与委托人各有利益诉求，二者的信息不对称，代理人的行为可能对委托人的利益造成损害。为了解决这个问题，委托人必须建立有效的制衡机制对代理人的行为进行约束和激励，以求降低代理成本，提高企业经营效率和企业价值。这样的委托代理问题在企业交叉持股制度下同样存在，而且比独立竞争企业更为复杂。

（一）交叉持股制度对经理人的激励效应

1. 交叉持股制度的委托代理问题

交叉持股制度下资本结构的改变会使企业产权结构发生改变，产权结构的改变则影响治理结构的改变，因而交叉持股的委托代理问题就有了与独立竞争企业不同的特点。交叉持股制度下的产权结构安排带来治理结构改变，使得激励机制的双面效应更突出地表现出来。

现代企业所有权与经营权分离使所有者与经营者在追求目标上产生了分歧，所有者追求企业利润最大化即投资报酬最大化，经营者则追求自身利益的最大化，这就会产生代理问题，增加代理成本。在实施交叉持股制度的情况下，产权结构发生多元化改变，股权更加分散，所有者对企业的控制权相应减弱，而经理人对企业的经营责任增大，对企业的控制权也随之增加。特别是凭借着经理联席会关系，经理人的控制权会迅速膨胀，以至所有者很可能对经理人失控。这种情况对经理人激励作用会明显增强，而且激励的正反两面效应都会比较突出。

一方面，企业的经理人通过交叉持股控制股东大会和经理联系会，可能形成对其他成员企业的控制权，从而有利于经理人获得运用其拥有的人力资源和企业控制权的更大的自由空间。对外部敌意收购的防御，巩固了经理的控制者地位，因此能鼓励经理进行人力资源专有性投资，有条件更多地考虑和实施企业和股东的利益最大化追求，这体现了交叉持股的正面激励作用。

另一方面，由于经理人只要得到其他成员企业的承认就可以保住自己的职位，本企业对经理人的控制作用大大减弱。经理人的地位的稳固容易导致经理人的机会主义败德行为和逆向选择发生，从而产生对企业价值最大化和股东利益最大化漠不关心的态度和对企业的管理不负责任的行为。经理人可能出于个人轻闲、职务特权和个人收益保险的选择，而对风险投资只选择风险较小而收益平稳的项目，而不选择风险较大而收益可能较多的项目。尤其是垄断企业的经理人，会比竞争企业的经理人有更大的自由不最大化企业的价值（Leibenstein，1987）。因为如果一个企业是垄断性的，无论企业如何经营都可以赚得垄断租金，那么企业的经理就没有什么后顾之忧。企业肯定不会破产，产品肯定可以销售，所以经理人可以很轻松地应付股东，就有更大的自由追求个人的最大效益。交叉持股在股东与经理人之间形成长期的雇佣合同，相当于给了经理人永不辞退的承诺，破坏了经理人市场的重复博弈，失去了对经理人的约束作用，外部治理机制失灵。经理人的更换只能依靠企业内部接管机制，即由董事会和股东大会任免，而董事会和股东大会往往已经被经理人控制，因而很难对经理人做出有利于公司和股东的裁决。

由此可见，交叉持股行为既可能使外部的经理人市场竞争的约束机制失灵，也可能使企业内部的公司治理机制失灵。企业经理人控制权的加大和获得控制权私利的便利，会诱发机会主义败德现象。

综上所述，交叉持股制度对经理层既有正面的激励作用又有负面的激励作用，而且交叉持股给企业带来的委托代理问题远比独立竞争的企业特殊而复杂。一切特殊性和复杂性都源于交叉持股改变了企业的产权结构和治理结构。

2. 交叉持股造成的代理成本

信息不对称可能导致机会主义、道德风险、逆向选择，激励机制作用的发挥将会显得极为复杂，代理成本可能更高。企业所有权和控制权分离，股东不参与企业的生产经营活动，便不可能掌握企业生产经营的完全信息，而经理人却具有完全信息优势。由于信息不对称，所有者便不可能控制企业和经理人，反而会被经理人控制或欺骗。经理人所具有的知识、能力、道德等素质股东们不可能全部了解，经理人工作是否尽心竭力，是否有损害企业和股东利益的偷懒行为和个人打算，是否在做投资决策时考虑的是企业和股东的利益最大化，是否在利用手中的控制权去满足个人的欲望，股东们也不可能全部看得出来。股东们只能通过激励机制诱导经理人向着自己所希望的目标努力。如何实施激励机制而调动经理人的积极性，这又是非常复杂难办的事情。尤其是在交叉持股的情况下，经理人可能会从经理联席会或其他盟友企业那里得到更多的信息和好处，而对本企业提出更高的个人利益要求，于是激励的幅度便很难确定。例如，工薪究竟定多少比较合适，职位消费应该达到什么程度，奖励的股票期权份额怎样确定，剩余控制权和剩余索取权如何界定，等等，这一切都因为内外环境的变化和诸多不确定性因素存在而使委托人难以抉择。究竟什么是经理人的合理预期，成为很难把握的问题。对交叉持股制度下的高度分散的股东来说，如何确定对经理人的激励和约束的安排始终是一大难题。当经理人的剩余控制权和剩余索取权随着举债投资规模的增加而增加时，经理人往往有积极性去投资风险较大的项目，而如果投资失败，股东将遭受较大的损失，企业和债权人将付出更大的代理成本。另外，由于交叉持股造成的股权高度分散，股东人数众多，除了少数大股东有对委托人进行监督、检查的积极性之外，大多数中小股东都没有足够的能力、精力、时间、兴趣去对代理人进行监督、检查、考核、激励。由于经理人能力不可测度，监督考核的成本太高，股东当中机会主义的"搭便车"现象普遍存在，这反过来又会促使代理成本提高。

（二）交叉持股与信息不对称的改善

一般说来，在信息充分的市场上，价格机制可以充分发挥其调节作用。但是，信息不对称使得价格失去平衡供求关系、促进资源合理配置的作用，从而使价格机制失灵。在信息不对称的交易市场上，当一方的经济行为能够影响另一方的经济利益时，双方就形成了委托代理关系。其中拥有相关信息的一方是代理人，不拥有相关信息的一方是委托人。

事前的信息不对称易导致逆向选择。银行对企业投资时，企业对自己发生风险的信息比银行知道得多，这种隐藏信息就会导致逆向选择。所谓的逆向选择就是信息不对称使得信息不充分的一方在交易中选择了他们本来不想选择的东西。因为银行要想真正了解贷款企业的风险，就要进行调查。但是，进行调查的成本可能太高，而且也可能根本不可能完全准确地了解风险。在这种情况下，银行就会放弃调查，转而对它认为具有较高风险的投资项目按较高的利率收取利息。但是，较高的利率会使投资风险较低的企业增大贷款成本，从而相对降低利润，于是，这类投资风险较低的企业就会退出，不再向收取较高利率的银行贷款。这样一来，留下来的贷款者就多是投资风险较高的企业。这些投资风险大的企业，投资一旦成功就会获得巨额利润，而投资失败则大不了宣告破产。因此，它们会留下继续向银行求贷。当银行知道留下的多是风险很大的不良投资项目，破产率很高时，银行也不愿意承担巨大的风险，于是拒绝贷款。如此看来，逆向选择不仅会使缺乏信息的一方吃亏，而且也会使拥有信息的一方吃亏。

事后的信息不对称容易导致道德风险。当交易的一方无法观察到对方的隐藏行为，或者因监督成本太高而导致无法实施监督时就容易产生道德风险。有两种方法可以降低隐藏行为和道德风险给交易带来效率的损失。一是通过在交易合同中增加针对隐藏行为和道德风险的约束条款来保证交易的进行；二是通过双方签订恰当的交易合同来诱导掌握信息、控制行动的一方采取使双方都满意的行为。美国主要采用前一种方法，现代美国银行主要是通过签订限制性条款来减少道德风险。日本则属于后一种方法，通过企业交叉持股减少道德风险。James S. Ang 和 Richard Constand（2002）指出，交叉持股制度是解决企业之间代理问题和信息不对称的一个可行的替代方法。企业交叉持股制度能够通过多种渠道将企业内部的信息传递给股东，降低了管理层与股东之间的信息不对称程度。Bae 和 Kim（1998）认为，交叉持股是经理和股东之间的信息不对称问题的一个很重要的影响因素。大量的文献研究指出，日本资本市场的信息不对称程度低于美国资本市场的信息不对称程度（Jacobson 和 Aaker，1993；Kaplan 和 Minton，1994 等）。美国的外部投资者更多地依赖于财务报告等公开信息，因为法律禁止经理和外部投资者集团之间排他性地享有信息。然而日本企业的治理结构允许通过交叉持股网络在经理层和交叉持股股东之间分享内幕信息，内幕信息沟通的渠道包括互相兼任董事、成立经理俱乐部以及联合组建综合贸易公司等。例如，日本大公司外部董事大部分来自主银行和其他交叉持股网络内的成员企业。对这一观点有效的支持体现在日本企业治理方式对产品市场生产效率影响分析的大量文献中。这些文献认为，日本企业的所有权结构及其治理机制通过降低借贷双方的利益冲突和代理成本，以及允许信息交换，使得日本企业的监督活动更加容易，从而提高了企业的管理效率。而且实证分析的证据表明，在企业经营和投资决策方面，日本企业的治理机制更有效，并且，日本企业的监督活动与金融机构持股的集中度之间有正向关系。例如，Sheard（1994）认为，与企业交叉持股的金融机构能借助所拥有的更多的信息优势，更好地发挥监督作用。Lijang 和 Jeong BonKim（2000）收集了大量的日本企业的样本，研究交叉持股在提高资本市场信息效率方面的作用，对交叉持股对于缓解股东与经理之间的信息不对称的作用进行了实证分析，结果表明交叉持股水平的上升能有效地降低企业间的信息不对称，而且交叉持股水平较高企业的股价能够比交叉持股水平较低企业的股价较早地反映未来盈利能力的信息。日本企业的交叉持股制度，有利于将企业内部的信息传递给外部股东，有助于缓解经理和外部股东之间的信息不对称问题。

交叉持股能使企业集团内部的成员企业具备信息优势，降低成员企业间的信息不对称程度，从而节约成员企业间的交易成本。交叉持股能使企业着眼于长期战略决策的制定，激励成员企业进行专用性资产的投资。交叉持股的另一个好处是可以获得集团企业内部其他企业有关信息的经济性。一个成员企业获得的信息，不仅包括自己一手的经验，还包括其他成员企业的经验。而且为了共同利益，多个企业的监督也可以通过避免"搭便车"而获得效率的提高。

（三）交叉持股对代理关系的影响

从市场博弈的角度来看，市场的参与者都从各自拥有的信息出发，以实现自身利益最大化为目的而进行博弈。然而，参与博弈的各方的信息不对称，会使委托代理问题成为公司治理中的一大棘手难题。一般来说，合理的制度安排可以减少代理成本，而交叉持股的适时适度实施，会在一定程度上改变企业的股东、债权人及管理者在信息占有方面的不对称状况，从而使委托代理关系发生有利于制衡投资者、经营者各方利益的转变。不过，从交叉持股的形成和发展历史来看，无论是横向交叉持股制度还是纵向交叉持股制度都对相关公司的各种代理问题产生过积极或消极的影响。这就是说，交叉持股是一把"双刃剑"，如果使用得当，可以产生有利于集团企业的正面影响；如果使用失当，也会产生不利于成员企业的负面影

第三章 交叉持股制度的作用机理及经济后果

响,甚至会形成泡沫经济,从而严重损害企业和社会公众的利益。

本部分拟从分析交叉持股对信息不对称的影响入手,进而分析股东与债权人之间、股东与管理层之间、大股东与小股东之间的代理问题,指出交叉持股制度的适时适度实施对改善成员企业的公司治理有积极作用,同时也指出交叉持股的无限膨胀会导致泡沫经济形成,损害社会福利。

1. 交叉持股对股东与债权人之间的代理问题的影响

交叉持股使得债权人能以股东的身份参与企业的经营管理决策,利用拥有的内部信息优势回避风险、获取利益。由于负债容易导致公司投资于风险较大的项目,因而债权人持有债务人股票的直接目的便在于减少道德风险。Jensen 和 Meckling（1976）发现股东具有投资于高收益高风险项目的动机,尤其是在企业负债比例较高时,这种动机就更强烈,因为如果项目成功股东可获取大部分利益,而如果失败,则由债权人承担大部分成本。所以,股东在有限责任制度的保护下倾向于进行高风险投资,借此实现财富从债权人向股东的转移。股东的过度投资行为会使债权人的利益受损,债权人考虑到股东在投资过程中的机会主义行为,对股东的道德风险和隐藏行为进行预计,通过提高利率和在债务合同中加入限制性条款等方式来提高债权资金成本,使股东承担所使用的财务资源的溢价来对道德风险和隐藏行为加以限制。但这也可能引发股东的逆向选择,使一项本可获利的投资由于高额的债务成本而无法实施,造成投资不足。在这种情况下,债权人持有债务人的股票是解决股东与债权人之间的道德风险和逆向选择的代理问题的一个不错的选择。从激励的角度看,为防止股东的道德风险行为,在特定状态出现后,让作为合同收益人的债权人有一定的控制权是一种帕累托改进（张维迎，2005）。相关文献研究证明，银行对企业的交叉持股是出于防范股东道德风险和逆向选择的目的。Ramseyer（1994）指出战后的日本没有债券市场和商业票据市场，而且银行存款利率极低，因此当存在投资机会时，交叉持股的出现就并非像看上去那么神秘了。

交叉持股能削弱股东对债权人的利益侵占。Sheard（1994）认为日本的银行同时持有交叉持股成员企业的债权和股权，而持有股权可以缓和由于债权而引起的投资不足问题。Morck 和 Nakamura（1999）认为在《反垄断法》规定银行持有其债务人的股份不能超过 5% 的限制下，金融企业持有成员公司的债权数远远超过了股权数，因此更倾向于保护自己作为债权人的利益。Weinstein 和 Yafeh（1998）指出债权人往往会拒绝高风险高回报的项目从而使得企业的经营效率下降；同时，证明了与主银行有关联的公司比独立公司在获得银行贷款时支付更高的利率，这说明持股金融机构从企业中榨取租金，降低了企业的利润率。Bernard Black（1992）指出这 5% 的股份给予股东在必要时建立股东联盟以影响管理层的动机和能力。虽然现代美国银行由于法律限制和规模的原因不再购入内部人的股票或只发放贷款给内部人，而是通过签订限制性条款来减少道德风险，但是 19 世纪的美国银行业也通过主要贷款给它们能通过正规和非正规的途径控制其内部人的企业来减少道德风险。银行还可以通过在监管的过程中获得的非公开信息，适时地出售债务人的股票获得超过利息收入的资本利得，这也解释了银行为什么在防范道德风险的目的下还会进行股票交易。

然而从另一个角度看，由于交叉持股在一定程度上抵御了敌意接管，有可能会使拥有较大的股权激励的管理者在控制权威胁较弱的情况下更倾向投资于风险较大、收益不确定性更高的项目，使得债权人承担较大的风险，债权人利益受损。而且，交叉持股使同一资金在企业集团内部流转，因而使该项资金流经的所有成员企业的资本额同额增加。流经的成员企业越多，虚增的资本额就越多。虚增资本，会影响财务杠杆，在为企业带来融资优势的同时，也增加了企业的财务风险。债权人被注水的资本蒙蔽，而承受了投资风险。交叉持股像一把"双刃剑"，在保护债权人利益的同时也增加了债权人的风险。

2. 交叉持股对股东与管理层之间的代理问题的影响

Jensen 和 Meckling（1976）认为股东与管理层之间代理成本来源于管理人员不是企业的完全所有者这样一个事实。在部分所有的情况下，当管理者尽力工作时，他可能承担大部分成本而仅获取一部分利润；当他消费额外收益时，他得到私人利益但只承担一小部分成本，因此工作积极性不高，热衷于追求额外消费，导致企业的价值小于当他是完全所有者时的价值，这两者之间的差异被称为代理成本。

交叉持股对股东与管理层之间的代理问题的影响有两种相左的观点。一种观点认为，交叉持股制度有利于降低股东与管理者间的代理成本。即交叉持股制度可以看成是股东对管理层做出的不接受收购和不干预管理的承诺，通过阻止企业经理事前选择收益较低的投资项目，以获得事前企业管理效率的改善。现代企业理论认为，将企业剩余索取权和剩余控制权交由一个经济主体掌握可以节约代理成本。但是问题在于，如果经理相信了股东将剩余索取权交给自己的承诺，而提高企业管理效率，从而使企业剩余得到大幅度增长，

交叉持股的作用机理及经济后果

股东就会有积极性违背承诺,自己仍然索取企业剩余,或者将股份卖给外部接管者,由接管者掌握剩余,自己享有资本利得。而如果企业经营状况不理想,股东就会信守承诺,取得固定收入。如果股东无法保证自己对于承诺的信守,为了保护自己免受机会主义行为威胁,经理在事前就不会提高企业管理效率。正如 Kurasawa（1993）、Sheard（1994）、Ikeo（1994）等人所分析的,解决这一问题的方法就是采用交叉持股制度。交叉持股制度可以看成是股东对管理层做出的不接受收购和不干预管理的承诺。交叉持股形成的股东对管理层的隐性契约,使股东的承诺对管理层变得可信。Burkart（1997）指出经理的逐利在某种程度上与股东利益的一致,表明存在一个最优的大股东持股比例,在其模型中,股东可以通过减少监管并诱使经理为获取私利而努力工作,并称其为激励效应。因此,交叉持股制度作为一种信号传递机制,能够消除股东的机会主义行为对经理提高企业管理效率的威胁,保证企业内部剩余索取权和控制权安排的顺利进行,从而提高企业管理效率。Hiroshi Osano（1996）指出交叉持股企业的共同防御的相互承诺和共担风险,解决了由外部接管威胁所引发的管理层短视问题。参与交叉持股的成员企业不会将其持有的其他成员企业的股份出售给外部接管者,否则,这一成员企业将会受到其他企业的报复,从而直接面临外部敌意接管的威胁。因此,交叉持股是一种含有报复机制的隐性契约。但是这一隐性契约的有效性取决于企业新发行用于交叉持股的股份比例是否超过一个门槛,即如果超过了,则交叉持股制度是有效的；否则,是无效的。在交叉持股的情况下,当一些条件具备时,由于消除了外部敌意接管对成员企业的威胁,可以避免企业经理的短期行为,即不选

第三章 交叉持股制度的作用机理及经济后果

择收益较低的投资项目,而选择预期收益较高的投资项目,这时,企业的经营管理效率便得到了提高。不仅是企业经理,而且所有参与交叉持股的成员企业的情况都获得了改善。同时,由于企业经理选择了预期收益较高的投资项目,而不是采取短期行为,也提高了企业在股票市场上的价值。因此,与外部敌意接管机制相比,交叉持股制度通过阻止企业经理事前选择收益较低的投资项目,以获得事前企业管理效率的改善,而外部敌意接管机制则是在企业管理者选择收益较低的投资项目时,获得事后的管理效率改善。

另一种相反的观点是交叉持股恶化了企业内部股东与管理层的委托代理问题。大量实证研究证明企业交叉持股削弱了股东对经理的监督,使得经理在没有约束的情况下行使其控制权,造成了对股东的严重的机会主义行为,严重损害了股东的利益。例如,Hideaki Murase(1998)的实证分析结果表明,交叉持股将剩余索取权从股东手中转移到经理手中。Nyberg(1995)指出,交叉持股意味着更好的管理者防御,能减少股东获得收购要约的机会,经理可以从交叉持股中获得控制权私利。Ogishima(1993)指出,当主要股东与交叉持股方有密切的交易关系时,就不再能够很好地监督管理层。稳定持股倾向于对公司价值有正面影响,交叉持股倾向于对公司价值有负面影响。Tachibanaki 和 Nagakubo(1997)认为,交叉持股企业的经理层利用交叉持股制度实施串谋,互相许诺不向对方实施监督。还有许多实证研究表明,交叉持股导致企业的低盈利性。Zhai(1999)收集了在东京证券交易所上市的制造业公司的数据对交叉持股的经济后果进行研究,结果显示交叉持股公司利润率低于非交叉持股公司的利润率。他对此进行的解释是交叉持股会导致企业自由现金流增长，可控现金流的增加相应增强了经理层的权力，导致在一些非盈利项目上的过度扩张，最终降低了企业的盈利水平。Yasuhiro 利用模型分析指出，交叉持股可以被看成是股东对不接受收购要约的承诺。在这种情况下，经理会获取私利，因此股东面临权衡的问题。当股东和经理的利益分歧不是很大时，允许经理自由裁量的社会福利较高，而当股东的利益比经理的利益大很多时，在接管的威胁下社会福利较高。

3. 交叉持股对大股东与小股东之间的代理问题的影响

交叉持股造成现金流所有权与控制权分离，进而引致大股东对小股东的利益侵占。Claessens（2002）研究 8 个东亚经济的 1301 家公开贸易的公司数据发现，公司的价值随最大股东的现金流所有权增长，与正的激励效应一致。但当最大股东的控制权超过他的现金流所有权时，公司价值下降，与利益侵占效应一致。大股东常以相对较少的现金流所有权的直接份额来控制公司。通常通过"金字塔"结构、交叉持股和双重投票权来使控制权超过所有权份额，从而导致公司价值下降。大股东的股权越集中，就越是有能力从小股东那里攫取价值，侵占小股东利益。Shleifer 和 Vishny（1997）指出当所有权超过一定界限时，大股东几乎完全控制公司并且有足够的财富来获得不为少数股东分享的控制权私利。La Porta 等（1998）认为，对于法律体系还不完善的新兴市场，由于对投资者的保护较弱，公司所有权和控制权分离所引起的大股东与其他小股东的代理问题显得更为突出。La Porta 等（2002）证明对少数股东保护程度较差的国家往往倾向于有较集中的股权结构，这些国家的公司价值一般也较低。Harrish 和 Raviv（1998）指出所有权与控制权的分离，降低了公司价值，可能不是社会最优。Mork（2000）研究加拿大公司的数据发现，集中的控制权阻碍了企业价值增长，因为利益侵占的控股股东可以通过保持现有资本的价值获得既得利益。

我们从中国证券市场的现状来看，由于内外部治理机制都不够健全，股权高度集中，大股东的权力得不到有效约束，大股东的"掏空"行为比较普遍，致使小股东的利益受损，上市公司的价值不能实现最大化。交叉持股使控股股东能够以较少的现金流所有权获得较多的控制权，大股东的权力被放大，更易发生对小股东的利益侵占，最终导致上市公司价值增长受挫，社会福利减少。

综合以上对交叉持股的委托代理理论分析可以得出结论，交叉持股是一把"双刃剑"，与企业的其他制度安排恰当地配合使用，可以减少企业集团间的信息不对称，降低委托代理成本，降低交易费用。例如日本的交叉持股制度与主银行制度和长期雇佣制度相结合形成日本特有的公司治理结构，其治理效果曾一度优于英美公司的治理效果。同时上文的分析也表明，如果交叉持股制度使用不当，也可能既没有获得企业集团内部一体化的优势，同时也丧失了市场的激励效应，导致代理成本上升，企业效益下降。

三　交叉持股制度的生产函数理论分析

新古典经济学的企业理论从生产技术的角度刻画企业，定义企业为生产函数的实现者和载体。生产函数是指在既定的生产技术条件下，资本、土地、劳动和企业家才能等生产要素投入组合与产出之间的函数关系。从生产函数的角度来看，无论是技术上的效率还是制度上的效率都是为企业利润最大化的目标服务的。只有努力发现更有效的生产技术和管理形式，才能使企业的生产函数曲线向上移动或使生产可行性曲线向外移动，从而实现企业利润最大化。本书从企业理论出发，对交叉持股的效率进行经济学分析。

企业提高生产效率，必须考虑三个方面的问题：一是生产要素投入组合问题；二是员工激励问题；三是技术革新问题。

（一）交叉持股与生产要素投入

从生产要素投入组合的角度来看，交叉持股形成的企业联盟将其成员企业的资源纳入企业集团整体安排，进行集团内部优化重组，既能减少资源的重复配置从而节约投资，又能使基本生产要素充分发挥作用从而降低生产成本、提高生产效率。尤其是原本相互竞争的企业实行交叉投资，使外部效应内部化，必然能减少恶性竞争对彼此的伤害，最终会降低社会福利的损失。不言而喻，纵向交叉持股会在成员企业间形成长期稳定的交易关系，横向交叉持股能够缓和竞争、增加协同效应和经营多样化效应，从而使企业集团获得规模经济效应。这正如张五常先生（Cheung，1983）所说，企业是用要素市场来代替产品市场，而要素市场比产品市场更有效率。

市场的竞争通常包括三个方面的竞争，即产品市场竞争、资本市场竞争、经理人市场竞争。在实践中这三方面的竞争往往是交叉联系在一起的。以上市公司为例，其产品质量与销售量的竞争力，直接影响它在资本市场上的竞争，而资本市场对经理人行为的约束是通过接管和兼并方式进行的，也就是通过资本市场上对企业控制权的争夺方式进行的。

第三章 交叉持股制度的作用机理及经济后果

在完全竞争的条件下，市场机制之所以难以发挥其应有效率，往往在于市场机制下的独立、分散决策未能考虑现实中的确存在的外部经济效应。外部经济效应是指有人承担了他人行为引起的成本或获得了他人行为创造的收益。也就是说，行为者本人只承担和享受了行为的成本和收益的一部分，而另外的部分被别人所承担或享受。由于外部经济效应的存在破坏了完全竞争市场机制配置资源的优越性，造成了经济效率的损失，所以，有必要考虑采取一定的措施，使外部经济效应内部化，以求能将以前市场经济机制下无法解决的复杂的外部经济效应问题简单地加以解决。这就是说，如果我们能够通过某种方式使市场决策者自己承担或者享受外部经济效应，他们就会纠正其决策错误，改善资源配置状况，提高市场机制的效率。

相互竞争的独立企业之间必然存在外部性问题。通过兼并来实现外部经济效应的内部化，是可以提高市场经济效率的一个好办法。不过，有时兼并具有局限性，难以实现。此时，横向交叉持股便不失为一种通过外部的成本和收益内部化来解决外部性问题的可选方案。纵向交叉持股则可以稳定上下游供应链，保证材料供应和产品销售，保证各生产要素组合的稳定投入。

原本各自独立相互竞争的企业，通过相互持有对方一定比例的股权或股票的方式，双方都将对方的成本、收益纳入自身的成本、收益中来，双方的收益都与对方的收益有关联，双方的效用函数中都包括对方的收益。例如，A 公司持有 B 公司 α 比例的股票，B 公司持有 A 公司 β 比例的股票，A 公司的利润为 R_A，B 公司的利润为 R_B，则 A 的效用函数为 $u(A) = R_A + \alpha R_B$，B 的效用函数为 $u(B) = R_B + \beta R_A$。如此，A、

B 两公司便结成了你中有我、我中有你的经济联盟。

尽管外部经济效应的内部化可以提高经济效率，即带来帕累托改进，然而，内部化的实现却是有条件的，需要各方面的互相合作。互相合作的情况又涉及合作各方的利益是否得到较好的安排，这可以说是交叉持股制度安排的一个前提条件。

（二）交叉持股对企业家才能的影响

从激励的角度来看，交叉持股对经理既有正面又有负面的激励作用。一方面，企业的经理通过交叉持股控制股东大会，同时也形成对其他成员企业的控制权，从而有利于经理获得运用其拥有的人力资源和企业控制权的更大的自由空间。对外部敌意收购的防御，巩固了经理的控制者地位，因此能鼓励经理进行人力资源专有性投资，这体现了交叉持股的正面激励作用。另一方面，由于经理只需要得到其他成员企业的承认就可以保住自己的职位，地位的稳定也会导致经理的逆向选择和道德风险行为，从而产生不负责任的代理人。这是由于对垄断企业的经理而言，他比竞争企业的经理有更大的自由不最大化企业的价值（Leibenstein，1987）。因为如果一个企业是垄断性的，无论企业如何经营都可以赚得垄断租金，那么，企业的经理就没有什么好担忧的。企业肯定不会破产，产品肯定可以卖得出去，所以经理可以很轻松地应付股东，经理就有更大的自由追求个人利益。交叉持股在股东与经理人之间形成长期雇佣合同，外部治理机制中的经理人市场的重复博弈受到破坏，市场的惩罚发挥不了对经理人的约束作用。经理人的更换只能依靠内部接管机制，即由董事会任免。由此可见，交叉持股会使得经理人市场竞争的约束机制失灵。经理对企业控制权的加大和控制权私利获得的便利，显然会形成经理人的机会主义，这就表现出交叉持股的负面效应。

（三）交叉持股与技术革新

生产函数反映的是在既定的技术条件下投入与产出之间的数量关系。如果技术条件改变，必然会产生新的生产函数。从技术革新的角度来看，交叉持股形成的企业成员间的长期稳定的合作关系，能鼓励各成员企业进行资产专有性投资。集团企业内部的研发、生产运作和管理经验等资源共享，能有力地推动技术革新的出现。然而，当交叉持股的规模达到一定程度后会形成企业集团对市场的垄断，从而导致产品市场的约束失灵。企业集团无须任何技术创新就可以获得垄断带来的超额利润，因而会减少企业进行技术创新的动力。这也是交叉持股效应的两面性表现。

现阶段的经济全球化，使得企业即便是通过与国内其他企业交叉持股形成了垄断，即使是完全垄断了国内市场，企业要想继续得到较大的发展也不得不参与国际竞争。在开放经济环境中，企业必然要参与国际竞争，与国内其他企业通过交叉持股形成企业联盟有利于提高企业的国际竞争力。然而，要想在国际竞争中取胜，仅靠交叉持股是远远不够的，技术创新仍然是企业不可或缺的制胜法宝。更加激烈的国际竞争和企业家的趋利本能会推动企业进一步的技术创新。

从以上三个方面的分析可以看出，交叉持股既可能有利于生产效率的提高，又可能有碍生产效率的提高，因而对社会整体财富的影响可能产生正面的和负面的两种效应。交叉持股与社会财富的关系可以用图 3-1 说明。

交叉持股的作用机理及经济后果

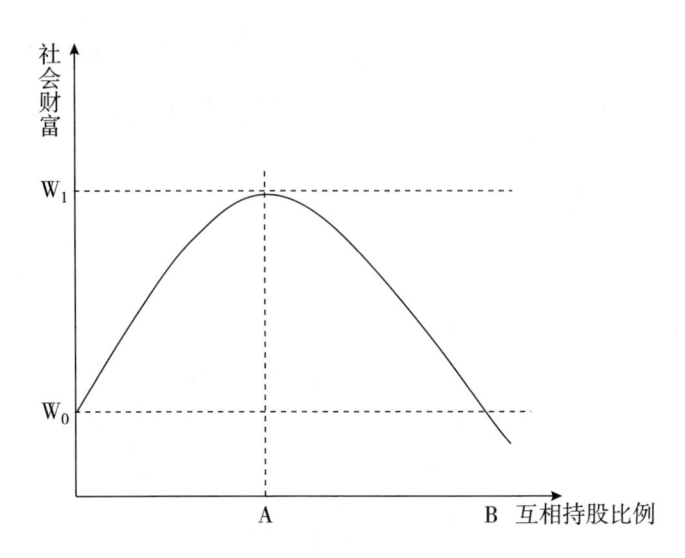

图 3-1 相互持股与社会财富的关系

当交叉持股的比例比较低时，社会总财富与交叉持股程度成正相关变化。当交叉持股达到相当高的比例时，将导致社会总财富下降。一个可能的解释是，当交叉持股比例增加未超过 A 点时，规模经济效应占主导地位。交叉持股通过企业集团对竞争者的吸收，使外部效应内部化，企业集团内部交易成本下降，代理成本减少，社会总财富增加。当交叉持股比例超过 A 点时，规模经济效应不再占主导地位，反而会出现降低社会财富的一系列负面效应。当交叉持股比例达到 B 点时，其正面效应为零。

在完全竞争的市场上，价格由竞争的市场决定，不由单个的买者和卖者控制，帕累托效率自然达到，这在经济学上被严格表达为福利经济学的第一定理。当然，在现实中，市场交易不一定能达到帕累托最优，其中的重要原因之一是存在垄断。对此可以从以下两个方面来分析。

第一，企业集团规模过大，企业集团对国民经济的垄断导致社

第三章　交叉持股制度的作用机理及经济后果

会生产能力浪费，达不到生产最优边界，造成消费供给不足，经济增长缓慢。

交叉持股的企业集团成员企业间相互交易的后果表现在很多方面，诸如：①价格固定化使价格机制失去了作用；②生产率缓慢变化造成了对资源的浪费；③企业集团内部的相互交易在增加相互交易企业的销量的同时，却减少了其他同行企业的销量，总体来看并不增加整个产业的销量；④新的企业要加入，必须找到相互交易的对象，而实力雄厚的企业集团阻碍新企业加入同行业市场，造成并非依据经济能力的排他性壁垒，从而扰乱了竞争秩序，影响了市场发挥资源优化配置的作用；⑤企业集团扩大了对本集团产品的需要，降低了对竞争企业的产品的需求比重，使得生产需求的集中度提高，买卖双方形成寡占性市场；⑥通过横向或纵向的交叉持股，形成多元化经营，随着相互交易的产品品种的增加，又进一步促进了多种经营。由此可见，从某种意义上讲，交叉持股形成企业集团是控制市场的手段，同时也是控制市场的结果。

第二，过多的交叉持股使企业集团规模过大，企业集团内部的协调成本自然增大，交易成本随之上升。企业结构机制僵化，生产效率下降导致社会福利受损。

从日本的发展经验可以发现，战前的财阀实行从上而下的"金字塔"式统治，基本都是单向持股；"二战"后，迫于经济政治形势的压力，企业之间开始交叉持股，互为联手公司的大股东，形成相互控制的局面。日本昭和 30 年代末 40 年代初，合并运动高涨，独立大企业被集团吞并或自动靠拢，集团内部联系加强，对外扩张强化。对企业集团外的企业实行差别交易，导致控制性交易，限制竞争，形成垄断。当集团体制达到拥有强大力量的阶段后，因为鲸吞和兼并在集团间行不通，于是出现了集团间相互协调的倾向，即"巨人的合作"。同时，原本为了削弱企业集团的垄断而出台的措施，反而使得集团间的合作不仅成为可能，而且成为必然趋势。例如限制大宗贷款、修改《禁止垄断法》和修改《商法》等试图削弱企业集团体制的行政或法律措施，不仅没有起到预期的作用，反而给企业集团间协调体制的产生制造了机会。这种建立在牺牲小企业利益的基础上的企业集团大企业的协调实际上是一种无视国民利益的企业集团之间的协调。这种集团企业间的交叉持股的逐渐扩张，加强了寡头体制，使之渐趋僵化，导致社会经济的财富损失，最终会促使交叉持股走向解体。

笔者以日本经济发展经验为依据构建如图3－2所示的企业集团的生命周期与交叉持股的关系模型。

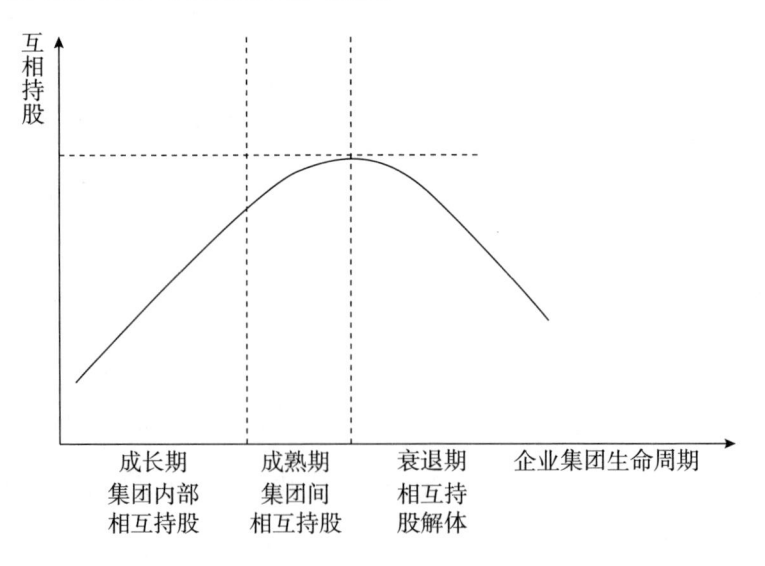

图3－2　相互持股与企业集团生命周期的关系

第三章　交叉持股制度的作用机理及经济后果

在第一阶段，企业集团处于成长期，主要是企业集团内部的交叉持股，恶性竞争的减少，给各成员企业都带来了利益的增加。此时的交叉持股规模并未达到形成寡头垄断的地步，并未对市场竞争形成实质上的影响，市场竞争依然可以发挥其资源配置的作用。各成员企业以企业集团的身份参与市场竞争，集团内部的交叉持股为各成员企业带来的利益增加大于其他非成员企业的损失，社会整体福利得到提高。

在第二阶段，企业集团处于成熟期，企业集团规模的扩大逐步使企业集团形成寡头垄断的地位。为了向海外扩张，占领国际市场，企业集团开始协作。如果企业经营的业务对于单一企业集团来说规模和风险过大，也会导致企业集团间的协作。企业集团间开始走向协调，甚至形成企业集团间的交叉持股，若干大的企业集团几乎掌控了整个国民经济，正如战后日本的六大企业集团几乎完全控制了日本的经济和政治。巨大的企业集团仅靠垄断价格就可以获得超额利润，技术创新的动力下降。广大消费者的选择减少，物质生活下降，社会贫富两极分化。在社会总财富增加的同时，社会总福利反而下降。

在第三阶段，企业集团进入衰退期。规模过大的企业集团此时已经不能适应经济发展的需要，开始逐步分拆解体。在20世纪90年代日元大幅升值、宽松的财政政策、设备的过度投资、房地产价格高涨、股价暴涨暴跌等诸多原因导致日本泡沫经济的形成和最终的崩溃。由于金融市场放松管制，资本自由化导致接管成本降低，交叉持股开始逐步解体。Kuroki（2001）指出日本市场总体的交叉持股比例由1990年底的17%到2000年底下降为10%。由此可以看出交叉持股的解体是与日本的政治经济环境密切相关的。

综上所述，适当的交叉持股可以减少恶性竞争，使外部效应内部化，优化资源配置结构，增加协同效应和经营多样化效应，从而使企业集团获得规模经济效应。交叉持股与企业的其他激励制度安排一起决定其对企业的效率的影响。交叉持股制度与日本的年功序列制度和日本特有的企业文化相结合使得企业经理及员工能进行较大的人力资本专有性投资，这在"二战"后对日本经济的恢复发展起了较大的推动作用。而在年薪制的激励安排下，交叉持股会导致经理和员工的机会主义行为，对企业的经营效率产生较大的负面效应。交叉持股对企业的技术创新有一定的正负面影响，交叉持股能增强企业的技术创新能力，但却会对企业的技术创新动力产生一定负面影响。交叉持股企业的技术创新动力受到企业面临的外部环境的竞争性影响较大。

四　交叉持股制度的制度创新理论分析

交叉持股是一种适应特定历史时期经济发展需要的企业经济制度创新。交叉持股制度是在社会、政治、经济、文化、意识形态等约束条件下产生和发展起来的企业经济制度。例如，日本的交叉持股制度是日本旧财阀集团为了维护其既得利益、集体对抗并防范外国资本收购兼并日本企业而被迫创造出来的利益联盟方式，是在政治民主、经济自由、社会开放的改革进程中产生的新的约束条件下发展起来的企业制度创新，既是新旧企业制度对抗的结果，也是不同经济意识形态博弈的产物。随着日本经济、世界经济形势的发展，交叉持股形式也在发生变化,而且越来越显现其制度创新的生命力。

下文从制度创新理论出发,主要结合交叉持股的产生和发展历程,动态地分析交叉持股制度演变的内在动力、路径依赖和经济效应,对交叉持股制度提供一些理论解释,对交叉持股制度的发展趋势做出理论预测。

(一) 制度创新的理论基础

制度是约束人们特定行为和关系的一系列规则及其相应的组织机构。从研究人类经济行为的经济学的视角来看,制度的本质作用就是通过改变人们的预期收益,规范人们的当前行为。从资源配置的视角来看,制度就是稀缺资源配置的规则。从交易成本的视角来看,制度就是交易成本的选择过程和结果。从契约理论的视角来看,制度就是形形色色或显性或隐性的合约。从现代经济学的观点来看,制度包括制度环境和制度安排两个方面。制度环境是指一系列用来建立生产、交换与分配基础的基本的政治、法律、社会、文化的基础规则。它是一个社会中现有的全部制度安排的总和。制度环境总是动态地变化着的,因而适应环境变化的制度安排也是动态地发展着的。制度安排是在现存的制度环境下对某些组织和个人的具体行动或关系实施管制的规则。制度安排可能是正规的,也可能是非正规的;可能是强制性的,也可能是自愿的;可能是暂时性的,也可能是长久性的。无论是哪一种性质的制度安排,都必须提供一种结构使其成员的合作获得一些在该种结构之外不可能获得的追加收入。

制度创新就是制度演进、制度变革。从经济学的视角说,制度创新表现为产权结构得到修正,交易成本得以降低,其实质就是使创新者获得预期追加利益的现存制度的变革；换言之，其核心问题就是产权结构、交易成本、治理结构、分配原则在现存制度环境下的重新选择、重新安排。如果预期的净收益超过预期的成本，一项制度安排就会被创新（戴维斯与诺斯，1971）。

从日本和中国的交叉持股制度的发展历史来看，交叉持股的制度安排能形成企业战略联盟，帮助参与其中的企业形成优势组合，实现规模经济效应和技术经济效应，突破现有的物质技术层面的限制，获取新的经济利益。交叉持股制度产生的直接原因是旧财阀应对敌意收购、维护既得利益、保护民族经济而采取的产权结构和经营管理形式的创新，这正是预期收益刚性的体现。从日本交叉持股制度在战后经济恢复和后续的经济高速增长中发挥的作用所产生的经济后果来看，同样也是财阀集团为防止自己预期收益下降而采取的制度变革措施，也是预期收益刚性的体现。从我国1998年第一起辽宁成大和广发证券交叉持股案例来看，这是顺应我国国有企业股权多元化、分散化的经济发展特定阶段性要求而产生的产权结构、经济组织形式创新，其着眼点也是预期收益刚性。不管是出于维护现实收益保障的需要，还是出于对未来收益能够维持和增加的预期，实际上都是出于成本与收益的比较，最大化企业价值和投资者个人的收益。

（二）交叉持股制度变迁的实质和特征

一切制度创新都是现存制度的变革，都是旨在使创新者获得追加利益，交叉持股也不例外，也是一种使参与者获得预期的追加利益的企业制度变革。利益追求是一切创新活动的根本动力。利益均衡是一切制度维护的目标。交叉持股作为一种制度变迁，其本质也是如此。

1. 交叉持股制度创新的实质

交叉持股制度的实质是为了实现规模经济，从交易费用中获益，将外部性内部化，降低风险，进行收入的再分配，其实施方式是通过企业之间的交叉持股形成资本联系、股权交叉、产权纠结、经营互动、经济利益结盟的彼此命运联系紧密的稳定的企业联盟关系。各相关企业相互制约以规范彼此的行动，从而在均衡利益的过程中达到保障各自的预期收益刚性的目的。从经济学的视角来看，交叉持股制度要解决的问题无非是社会生产和利益分配两大问题。从生产函数理论的发展演变来看，制度创新就是建立一种新的生产函数，即将生产要素和生产条件进行重新组合并引入生产体系，从而获得更大的经济效益。交叉持股就是在更大的范围内重新组合生产要素、重新安排生产条件、重新配置资源的制度创新安排。这个制度创新逻辑地包括产品创新、工艺创新、资源创新、组织管理创新、市场交易创新、知识创新、技术创新、学习创新、服务模式创新等方面的内容。只是在交叉持股制度的约束条件下，具体的创新内容有别于单个独立企业而已。从契约理论的角度来看，交叉持股就是为协调各成员企业的利益关系而安排的一组新的契约。所有的契约都是为了规范成员企业的生产行为和交易行为，促其在新的制度环境下采取新的生产经营方针，在新的条件约束下寻求新的利益均衡。用交易成本理论作为工具分析交叉持股制度，交叉持股制度创新突出地表现为交易成本可能大大降低。由于交叉持股形成的巨型企业和企业网络可以使外部效应内部化，市场交易行政化，企业间的合作性强化、竞争性弱化，因而可以使企业的内外交易成本大为降低。这些成本包括生产成本、管理成本、信息成本、学习成本、服务成本、技术研发与投入使用成本、企业扩张与治理成本、市场开发与维护成本、企业网络建设扩张与维护成本等。从交易成本理论视角来看，交叉持股制度创新就是交易成本的比较、选择。

我国著名经济学家林毅夫（1989）认为，制度变迁必须由某种在原有制度安排下无法得到的获利机会引起。[①] 日本交叉持股制度变迁的历史事实正是如此。"二战"后美国占领军当局主持推行的强制性的民主改革制度，使得日本旧财阀和日本政府失去了一部分获利机会，这才有了日本财阀倡导实施、日本政府支持鼓励的交叉持股的产生和发展。其他后发展国家实施并发展交叉持股制度，其实质也都是如此。

2. 交叉持股制度变迁的特征

从制度产生的直接原因和过程来看，制度变迁不外乎以下几种类型，即诱致性制度变迁和强制性制度变迁，渐进式制度变迁和激进式制度变迁。诱致性制度变迁指的是现行制度安排的变更或替代，或者是新制度安排的创造，往往由一个人或一群人，在享有获利机会时自发倡导、组织和实行的。强制性制度变迁往往是由政府命令和法律规制的引入而强制实行的。权力强行介入资源配置，虽然也可能会顾及均衡相关者各方面的利益，然而首先是向权力控制者的利益倾斜，其次是向代表和支持权力的国家、政府、群体和个人方

[①] 林毅夫：《关于制度变迁的经济学理论：诱致性变迁与强制性变迁》，1989，引自科斯、阿尔钦、诺斯等著《财产权利与制度变迁——产权学派与新制度学派译文集》，生活·读书·新知三联书店，2005，第384页。

第三章 交叉持股制度的作用机理及经济后果

面倾斜。而无论是诱致性变迁还是强制性变迁，又都会有渐进性或激进性的可能。

日本的交叉持股制度兼具强制性的激进式制度变迁和诱致性渐进式制度变迁的特征。一方面，从日本"二战"之后形成的制度环境来看，交叉持股制度产生之前的民主改革属于强制性的激进式制度变迁。这包括美国占领军强行解除日本财阀对经济的控制而制定并强行实施的一系列改革制度，如农地改革、解散财阀、劳动立法等。这种制度变迁是不顾及原来的既得利益集团的既得利益，只考虑新形势下各种利益关系的协调而采取果断措施进行的激进式的制度变迁。这种制度变迁的成本对原财阀集团和日本政府来说是非常高的，而对新制度制定者美国占领当局来说是很低的。另一方面，从交叉持股最初的形成过程来看，交叉持股制度创新属于诱致性制度变迁。在上述强制性制度变迁之后的新的制度环境下，首先是日本的原财阀集团为了保护自己的既得利益，减少美国占领当局推行的制度改革带来的利益损失，采取了原财阀企业间交叉持股的措施，将资本联合起来对抗美国资本的敌意收购，这样的制度变迁属于诱致性制度变迁。此后，日本其他后继的企业家为了对抗共同的竞争对象，追逐更大的企业价值和预期利益，实现其在外部制度环境约束条件下的利益的最大化，也都起而仿效旧财阀的做法，不约而同地选择了交叉持股，而且形成了制度演进的路径依赖，这种习惯的变化也属于诱致性制度变迁。日本政府为了维护自己的统治，保护民族经济，对此也采取了支持的态度。例如前述的修改《反垄断法》为财阀企业松绑，修改《商法》放松对企业配股的限制，放宽对企业贷款的限制等举措，都是对交叉持股制度的有力支持。这些法律的修订表现为正式规则的变迁，但也属于诱致性制度变迁。因此可以说，交叉持股制度是日本在"二战"失败后发生的强制性制度变迁的制度环境下，原既得利益者在预期收益刚性的驱使下进行的路径依赖的制度变迁。这种诱致性的制度变迁是平稳的、轨迹平滑的渐进式制度变迁，其中既包括正式规则即企业的经营制度的变迁也包括非正式规则即组织习惯的变迁。

中国的交叉持股制度变迁则更具诱致性渐进式制度变迁的特征。中国的交叉持股的环境特征与日本不同，没有受到政治经济等外部制度环境变化的强烈冲击。我国的《公司法》《证券法》等都没有明确规定是否允许公司交互持股，同时政府鼓励地方和中央的企业通过交叉持股实现国有企业的股权多样化、完善法人治理结构。从中国的第一起交叉持股案例开始到提倡采用交叉持股方式改善企业的股权结构，再到现在政府鼓励采用交叉持股方式推进两岸银行间的合作等一系列制度安排的施行，一直到现在鼓励利用交叉持股方式实现混合所有制经济都是平和而稳定地进行的，因此中国的交叉持股更多是经济发展到一定阶段的产物，更具渐进式制度变迁的特征。

(三) 交叉持股制度创新的动力

关于制度创新的动力来源，不同的经济学家虽有不同的表述，然而总体来说就是群体利益需求。舒尔茨（1968）指出人的经济价值的提高，产生了对制度的新的需求。一些政治和法律就是用来满足这些需求的，是为适应新的需求所进行的滞后调整。所有制度创新的动力都来源于具有预期收益刚性的利益集团对利润的追求或利益集团的寻租行为。预期收益刚性是某些利益集团在现有的制度安排下，无法获得某些潜在利益，产生改变现有制度安排的需求。希克斯（1996）指出："经济制度的演进在很大程度上是一个如何找到减少风险的途径的问题。"① 不确定因素使得某些人的生存条件恶化，迫使其中不甘心的人起而积极寻求制度变革。制度变迁本质上是一种新的、效益更高的制度对另一种旧的、效益低的制度的替代过程。正如利益格局调整假说认为的那样，制度变迁是指由于制度环境的变化导致经济主体或行动团体之间利益格局发生变化，通过相互博弈所达成的新的制度安排。

制度安排形成的利益集团对现存路径有着强烈的依赖需求。它们力求巩固现存的制度，阻碍选择新的路径，即便是新的制度比现存的制度更有效率。根据新制度经济学路径依赖理论，初始条件在制度变迁中有着显著的作用，因而研究交叉持股制度变迁初始条件能够很好地理解制度变迁发展演变的动力和过程。仅就日本交叉持股形成的情况来看，其最初的动力至少来自以下几个方面。

1. 既得利益集团维护自身利益的需求

"二战"结束之后，日本的旧财阀垄断企业集团被美国占领军司令部强制解散，旧财阀面临着对原企业集团中的企业的控制权、经营权和收益权的损失。既得利益的丧失，对旧财阀来说是一种灭顶之灾。外部环境的恶化，残酷现实的逼迫，使得不甘心失败的财阀们努力寻求制度创新来改变自己的境遇，争取最大限度减少损失，尽量降低企业经营的风险，保持自己的既得利益。交叉持股制度便

---

① 希克斯：《经济史理论》，商务印书馆，1987，第46页。

由此应运而生。由此可见，交叉持股实际上是由于原财阀集团的预期收益刚性促使它们为了减少不确定风险，寻求稳固的企业联盟以保护自身利益，巩固原有的制度环境，对抗新体制，阻碍新路径的一种源于路径依赖的制度创新。交叉持股制度使得财阀集团在企业经营效益提高的同时能充分享受财务成果的分配，并且通过企业间的网络般的纠结重获对日本经济的控制。

2. 政府维护经济统制的需要

从整个社会的宏观角度看，制度环境的变化形成了制度创新的供给因素。日本政府作为上层决策者出于维护自己统治的净利益的需要，纵容、支持企业间进行交叉持股，保护了民族资本，维护了民族经济发展。日本政府为了收拾战败之后的残局，恢复发展的元气，保护民族经济，防止外资敌意收购，连续制定并推行了一系列既保护财阀集团又鼓励中小企业竞争的宽松政策。1949年、1953年和1958年三次对《反垄断法》的修改和1967年对《商法》的修改，放松对企业配股的限制，加之放宽对企业贷款的限制，因而几度掀起企业交叉持股的高潮。

3. 管理层维护对企业的控制权的手段

从微观角度来看，企业进行交叉持股，是管理层为了维护个人对企业的控制权而采取的一种措施。交叉持股后的企业能够更有力地对抗敌意收购，避免由敌意收购带来的管理层的撤换，从而使管理层的地位更加牢固，更有利于其获得控制权私利。

由此可以看出，无论是旧财阀，还是新政府，抑或企业的管理层，作为制度变迁的主体从自己的利益出发都有支持企业间交叉持股的原动力。这也说明，制度安排是对主体间权力配置的设计（哈特，2006）。从这个意义上，交叉持股可以看成是一种利益重新分配的制度安排。

(四) 交叉持股制度创新的经济效益

1. 交叉持股制度能调动企业内部和外部的生产积极性

实践证明，在激励人们积极性、创造性方面制度是决定性的。生产力决定生产关系，生产关系反作用于生产力。制度决定效率。"三个和尚没水喝"的故事形象地说明制度的改变影响着绩效，也就是说在资源一定的情况下，制度决定绩效。

在稳定的交叉持股制度下，就企业内部来说，可以看成是股东对经理人的不解雇的承诺。这种隐性合同有利于鼓励管理层进行人力资本专有性投资，有利于管理层着眼于企业的长远发展和长期利益的实现。因此，交叉持股能调动企业内部的积极性。

交叉持股制度在持股企业间形成战略联盟关系，长期稳定的合作关系和利益的纠结，有利于各企业进行固定资产专有性投资，稳定原材料的供给和产品的销售，有利于产品、市场、工艺等技术层面创新。因此，交叉持股能一定程度起到调动企业外部的生产积极性的作用。

2. 交叉持股制度与绩效的双向互动关系

制度与绩效的双向互动关系是制度经济学重要的研究对象。首先，绩效是制度选择的目的。在制度创新方面"潜在的"绩效是决定性的，它引导人们进行制度创新。交叉持股能够通过降低委托代理成本、降低信息不对称程度、共同防御敌意收购、提高资本供给保障、为管理层提供激励、鼓励资产专有性投资等多方面提高企业经营效率，使企业获得潜在的超额利润。其次，制度选择需要绩效支持。如果勉强选择了一项制度，在没有绩效增加的条件下，该项制度多半无法维持下去。交叉持股制度历经多年而仍然存在和发展，当然是来源于这一制度对企业绩效提高的作用。交叉持股制度可以理解为是在特定的政治、经济制度环境下企业在生产中积累的高效率经验的历史沉淀。从这个角度看，交叉持股不仅是利益重新分配的制度安排，而且也是生产性的制度安排。诺斯指出，制度有助于获得规模经济，克服外部性，克服对风险的厌恶，克服市场失败，促使不完全市场更好地运作。①

（五）交叉持股的制度优势分析

为了深入地进说明交叉持股的经济合理性，下文将结合实例对交叉持股的经济优势逐点进行分析。

1. 交叉持股制度有利于获得规模经济

集中的市场带来了某些服务业的规模效应，这种规模经济源于商人的集中所产生的信息成本的降低（希克斯，1996）。企业间的交叉持股提高了行业集中度，在一定程度上降低了信息成本。不仅交叉持股企业集团内部会由于良好的合作关系和沟通渠道使得彼此之间的信息成本得以降低，而且整个市场也会由于竞争对手的减少而导致信息成本的降低。首先，长期的合作关系能增进双方之间的了解和信任，在交叉持股企业集团或企业网络内部形成某种默契和隐

---

① 科斯、阿尔钦、诺斯等：《财产权利与制度变迁——产权学派与新制度学派译文集》，生活·读书·新知三联书店，2005，第275页。

性规则，从而降低缔约成本。无论是正式的或非正式的沟通渠道都可以使彼此之间的信息成本降低。例如日本交叉持股企业之间定期或不定期召开的"经理联系会"和各方出资共建的"综合贸易公司"、新组建的联合企业等都为交叉持股成员企业间提供了良好的沟通渠道。其次，企业在寻求交叉持股伙伴时会认真地选择经营效率较高的、经营前景较好的企业建立联盟，而经营状况欠佳的、经营前景黯淡的企业将会在面对日益强大的企业集团的竞争对手时或是落荒而逃，或是被杀得片甲不留。市场的优胜劣汰，适者生存的竞争规则，能迅速地提高行业集中度，提高资源的配置效率，有效地增强企业的国际竞争力。

2. 交叉持股制度具有技术经济性

交叉持股制度一方面可以促进企业分工，分工演进的基础是专业化经济和交易费用的两难冲突（杨小凯、黄有光，1993）。专业化经济可以使企业获得由分工带来的知识和人力资本积累和技术内生增长，而过细的分工却会带来交易费用的增加，因此需要在分工经济与交易成本之间进行权衡（trade off）。另一方面，交叉持股制度可以建立战略联盟，形成优势组合，实施互惠合作，获得规模经济效益。获得规模经济的途径有很多种，例如并购、重组、交叉持股等。然而只有在预期纯收益超过预期成本时，某种制度创新才能成为可能。

交叉持股制度创新的设计、实施成本较低。比较并购和交叉持股这两种企业进行扩张的手段，通常，并购产生的风险相对较高。这是因为：第一，由于并购需要企业支付较大一笔资金，实施成本较高，对企业的营运资金的影响较大，会给企业造成较大的财务负担，会给企业带来较大的支付风险，并购后整合的财务风险也比较大。第二，对于海外并购，由于国内企业往往不熟悉国外的法律环境，这会使得海外并购后的整合的法律风险陡增。第三，无论是国内企业并购还是跨国并购，都涉及员工的团队合作、人事整合问题，都将面临企业文化冲突风险。尤其是跨国并购，由于国内企业往往不熟悉国外的文化背景，跨国经营面临的文化冲突更为严峻，人事整合的风险也更大。第四，由于国内企业缺乏跨国经营人才，跨国并购经营管理风险难以降低。第五，并购还易造成企业灵活性降低，不利于企业转轨、转产、转制。

然而如果采用交叉持股的方式与国外企业结成战略联盟，形成战略合作伙伴，那么就会有如下如果。第一，相对于实施并购而言，交叉持股结成战略联盟所需的资金较少，给企业带来的财务负担较小，比较易于操作实现；第二，如果合作伙伴间的产品类别非常吻合，还可以进行客户关系共享和专有技术共享；第三，还可以根据各地区的市场需求和特性，整合双方的产品，建立产品系列，共同创建品牌，通过整合可以带来成本上的节约；第四，通过交叉持股方式形成长期稳定的合作伙伴关系，甚至可能实现资金上、技术上、管理上、知识上、服务上等多方面的长久的互相支持，这种全方位的合作关系能大大降低企业的经营风险；第五，双方的独立的法人地位和自主经营，能帮助交叉持股企业绕过国家的法律限制、进入壁垒及税收屏障等；第六，交叉持股可以有效地避免由于并购所容易产生的因规模扩大带来的整合风险和灵活性的降低。相对于并购而显出的这些成本效益优势，使得交叉持股得以大行其道。

3. 交叉持股制度有利于防范敌意收购的风险

防止敌意收购的方法有很多种，例如毒丸计划、金降落伞、白衣骑士、黑衣骑士和交叉持股等。从日本交叉持股制度的产生和发展来看，防止敌意收购一直都是不可忽视的目的之一。最初是为了防止国内竞争对手的敌意收购，继而发展到后来防止外国公司的敌意收购。交叉持股第一次浪潮始于1952年日本阳和房地产公司被恶意收购的事件，交叉持股开始作为一种防范收购的策略被广泛使用，在财阀集团和非财阀集团的公司中都出现交叉持股的现象。不仅有金融企业与工商企业之间的交叉持股，而且有金融企业之间、工商企业之间的交叉持股。第二次浪潮出现在20世纪60年代后期丰田公司首次利用交叉持股策略抵制外国企业恶意收购。在资本自由化阶段，美国等老牌资本主义国家大举向日本进行直接投资，外国投资开始闯入日本企业的优势领域，比如汽车行业。如果美国的三大汽车公司进入日本市场的方式只是在日本建厂，那不会对日本企业构成多么大的威胁。真正的威胁是这些外国汽车公司以购买丰田股票的方式来收购丰田。如果丰田被收购，则将极大地削弱丰田的竞争力。为避免这种风险，丰田于1967年将其50%的股份卖给几家大银行，随后又转让了10%的股份给一些钢铁公司和丰田的分包商。随后其他汽车公司也纷纷效仿，采取同样的策略对抗外资的敌意收购。此后不久，交叉持股制度就迅速从汽车行业扩展到日本经济的各个行业。

4. 交叉持股制度有利于克服价格失灵和市场失败

制度创新的成本包括制度设计成本和实施新安排的预期成本。制度创新的收益是创新之后所获得的超额利润远大于创新之前取得的那部分超额利润。交叉持股制度有利于减少不确定性带来的风险，这也是交叉持股之所以受青睐的一个原因。商人寻找信息的动力是

交叉持股的作用机理及经济后果

为了减少风险，增加从减少的风险中获得较高的利润的可能性。通过交叉持股，在资本、研发、管理、市场等方面的合作，实现优势互补、强强联合，共同开拓市场，有利于规避市场风险，克服市场失败。横向交叉持股能促使企业多元化发展，开拓新的市场，增加新的获利渠道，减少行业风险对企业的冲击。工商企业与金融机构间的横向交叉持股还可以帮助企业获得稳定的资金支持，在企业发生财务困难时获得来自盟友的解救，借以渡过难关。以主银行为中心建立起来的交叉持股关系支持了包含抵押贷款、风险担保、风险救急等多种融资手段的运用，大大方便企业获取资本供给，保障了企业的生存和发展。纵向交叉持股一方面可以促进持股企业彼此之间的分工，而分工的加细会使企业获得生产专门化的好处——生产效率的提高。企业可以集中精力生产、研发少而精的适销对路的产品，专注于产品生产技术的创新，获得由技术进步带来的超额利润。由交叉持股保证的长期而稳固的合作关系能够鼓励上下游企业的固定资产专有性投资和人力资本专有性投资，因而可以实现生产效率的提高。另一方面，纵向交叉持股还可以保证企业获得稳定的原材料供应或产品销售渠道，能有效地防止由于原料市场的波动和产品适销不对路等原因而导致的市场失败。强大的资本联合，对保障彼此在行业竞争中的优势具有很大的作用。新日铁公司和三井物产、住友财团和三菱财团通过相互之间的交叉持股和共同投资形成一个利益共同体，并不断增加交叉持股比例。各个财团又各自分别与国际铁矿石供应商纵向交叉持股或合资经营形成密切的合作竞争关系。例如，日本最大钢铁制造商新日铁公司与世界第二大矿业巨头巴西淡水河谷公司（Companhia Vale do Rio Doce）合资建立了两家公司——Nibrasco 公司和 MBR 公司。Nibrasco 公司由淡水河谷公司出资 51%，新日铁公司出资 25.4%，其他一些公司出资 23.6% 合资建立而成。MBR 公司是新日铁的铁矿石供应商。[1] 三井物产不仅入股淡水河谷公司的母公司而且还与力拓公司、必和必拓公司之间共同合资经营铁矿石。住友财团和三菱财团也和力拓、必和必拓有密切的合作关系。从以上日本财团相互之间以及与三大铁矿石供应商千丝万缕的合作关系可以看出，交叉持股在增强企业国际竞争力中发挥着强大的作用。中国应当借鉴日本财团在铁矿石资源长端的深入布局，其中国内企业、国际企业间交叉持股是不可忽视的制胜之道。

5. 交叉持股制度有利于克服外部性

外部性是指行为人承受了他人行为造成的损失或获取了他人行为创造的收益。由于外部经济效应的存在破坏了完全竞争市场机制配置资源的优越性，造成了经济效率的损失，所以，需要对它采取一定的措施，使外部经济效应内部化。如果我们能够通过某种方式使市场决策者自己承担或者享受外部经济效应，他们就会纠正其决策，改善资源配置状况，提高市场机制的效率。相互竞争的企业必然存在外部性。通过兼并来实现外部经济效应的内部化可以提高市场经济效率。但是有时兼并具有局限性，难以实现。此时，交叉持股便不失为一种通过外部的成本和收益内部化来解决外部性问题的可选方案。通过相互持有对方的股票，将对方的成本、收益纳入自

---

[1] 尹锋、樊婷、栗新宏：《铁规则：力拓"间谍门"背后的经济战争》，中华工商联合出版社，2010。

身成本、收益中来，双方的收益都与对方的收益有关联，双方的效用函数中都包括对方的收益。

五 交叉持股制度的网络经济学分析

经济理论界已有文献着眼于企业内部的治理结构的研究，而忽略了企业网络的治理结构的研究。在交叉持股在全世界日益盛行的今天，交叉持股作为企业间网络的一种特殊形态，在国际竞争中显示出非常明显的优势，因此，有必要深入地对通过交叉持股形成的企业间网络的内在动力、运行机制和治理效应进行分析研究，从而为交叉持股制度在现代的发展提供更坚实的理论基础。

（一）交叉持股企业网络形成的动因

1. "市场－网络－市场"连环关系下的竞合关系

在经济全球化进展迅速的形势下，企业的产品和服务的市场范围逐渐扩大，企业之间的竞争与合作范围越来越大，彼此之间的联系日益密切，企业边界越来越模糊。这种情况为社会劳动分工提供了极为广阔的空间，而且使分工细化的程度不断加深。许多企业处于同一种最终产品的不同生产环节之中，还有许多企业虽然处于不同的最终产品的生产过程中，但是彼此的生产过程和经营活动却有密切的关联性，甚至许多表面上看起来似乎毫无联系的企业，通过市场发生着间接的联系。从宏观的视野来看，这就是社会的分工与协作。

传统企业理论按照"企业－市场"两分法，把企业间的关系定性为竞争关系。在经济全球化的新形势下，我们在看到资源的稀缺和不均衡配置导致的市场竞争日益加剧的同时，也应该看到资源的相互依赖性使得企业之间不能仅仅依靠竞争的获胜来取得规模扩张和发展壮大所需的资源，同时也需要更多地依靠企业间的相互合作与协调来追求各自的利润最大化。因此，企业之间除了普遍存在着更大范围的竞争关系之外，还存在着广泛的多种层次的合作关系。这种合作关系既有深层次的强关系合作，也有浅层次的弱关系合作；既有全面的合作，又有局部的合作。合作形式也多种多样，既有研发方面的合作，又有市场开拓方面的合作；既有同一产业链上的合作，也有不同产业链之间的合作。企业之间通过各种形式进行结盟构成了非常复杂的企业间网络。出现了分包制、特许经营权制、合资研发制、交叉持股制、联合开发制等多种中间组织形式。形成了介于企业契约和市场契约之间的掺杂着竞争与合作的契约关系，由此组成了"市场－网络－市场"三连环的复杂的企业间网络关系。企业间纵横交错的网络关系使得企业间的利益相互交织，既存在着彼此利益不同的冲突，又存在着共同的利益诉求，以至于在某些情况下甚至连企业的会计利润都难以准确计算，因而使企业边界变得更加模糊，难以界定。

2. 企业网络中生产经营资源的相互依赖关系

杨瑞龙（2005）指出企业网络是两个或两个以上相互独立的企业通过正式契约或隐含契约联结形成的一种长期合作、相互依赖、风险共担的组织模式，其核心是通过合作来获得双赢，这种合作依然是建立在各自利益追逐的基础上的。[①] 多个相对独立的企业或企业

[①] 杨瑞龙：《企业理论：现代观点》，中国人民大学出版社，2005，第180页。

集团通过交叉持股建立资本联合、产权交叉、信息交流、资源共享的网络联系,这种大协作所产生的集体力会带来更多的合作剩余供各个相关成员企业分享。从契约经济学的观点来看,企业间网络的本质就是依靠共同利益的追求、信誉的保证和经济惩罚机制来协调资源配置的契约组织。由此可见,交叉持股形成的企业网络的根本原因是企业组织对生产经营资源的依赖。

(二) 企业资源依赖的基本理论与实践

20世纪70年代末80年代初,巴尼、普费弗和萨兰西克等学者提出的资源依赖理论可以用来解释企业间网络的形成与作用。资源依赖理论认为,由于各企业拥有的资源具有差异性,而且有些资源不能完全自由流动,无法通过市场交易获得,因此企业需要与拥有或控制这些资源的其他组织化的实体之间进行互动才能获得这些资源,从而导致组织对资源的依赖性。[1]

现代企业生存与发展所依赖的资源包括的范围很广,不仅包括石油、煤炭、铁矿等自然资源,而且还包括涉及企业经营的各个方面的经济资源,如金融资本、资产(包括有形资产和无形资产)、法律约束、人力资源、组织管理、知识信息、市场渠道等。各种资源的流动性是不相同的,其中金融资本的流动性是最强的,人力资源的流动性次之,自然资源的流动性最弱。稀缺资源在全球范围内的不均衡配置及不同的流动性,造成了大规模生产的障碍。如何克服这种障碍,实现各种资源的跨国界、跨地域的结合,成为当今世界

---

[1] 杨瑞龙:《企业理论:现代观点》,中国人民大学出版社,2005,第200页。

第三章 交叉持股制度的作用机理及经济后果

经济发展急需解决的重要问题。交叉持股其实正是利用企业间的资本结合实现资源跨国结合的一种重要手段。以日本钢铁行业为例，钢铁行业的发展对自然资源的依赖性极强，而日本是一个自然资源贫瘠的国家，为了实现与铁矿石资源的结合，日本最大的钢铁制造商新日铁公司就通过与三井物产、住友财团和三菱财团等多家财团交叉持股来稳定铁矿石的供应。三井物产早在 20 世纪 60 年代就积极地参与投资开发国外铁矿石资源，一直与巴西的淡水河谷、力拓、必和必拓等大铁矿石供应商有着合资控股经营的关系。住友财团和三菱财团也都与力拓、必和必拓等铁矿石供应商有着密切的合作关系。日本钢铁行业通过交叉持股网络间接地影响世界铁矿石的供应，在铁矿石价格谈判中拥有一定的话语权，因而在很大程度上保障了本国钢铁行业的发展。

当今世界经济全球化形势下的激烈竞争，必然是参与者企业的综合实力的竞争。优胜劣汰的自然选择法则决定了只有综合实力强大的企业或企业集团才能得以生存和发展。而许多不确定性因素都会导致企业的发展受到种种局限，所以企业仅靠自身经营发展的积累和扩张是很难迅速提高竞争实力的。这是因为资本的积累、管理经验的积累、客户资源的积累、生产技术的改进、销售能力的提高、销售渠道的开拓、技术的研发、知识的创新等重要因素都不可能在短期内有效地变为现实，而市场环境却是瞬息万变的，市场机会往往是稍纵即逝的，因而任何企业或企业集团要想迅速达到预定的目标或缩短与预定目标的战略差距，寻找战略合作伙伴便是最佳的选择。在多种约束条件下，通过交叉持股方式，与能够形成优势互补的企业联手，彼此建立攻守同盟，共同防御敌意收购，共同分享经营成果，可以形成并提高可持续竞争能力。日本在"二战"后逐步形成的主银行制度和交叉持股制度的结合，实现并强化了金融资本与产业资本的结合，大大地推动了日本经济在20世纪六七十年代的繁荣发展。

（三）交叉持股形成企业间网络的机制

企业间网络的效率在于选择恰当的契约形式来控制和激励企业网络的成员。契约包括正式契约和非正式契约（即隐性契约）。交叉持股企业之间相互持有的股份作为质押构成正式的契约，充当了各方履约的保障监督机制。不遵守攻守同盟的成员企业将会遭到其他成员企业将其所持有的股票抛售给敌意收购者的惩罚。通过交叉持股形成的企业网络之内不仅有正式的契约，还有非正式的社会控制和协调机制，如声誉、道德、社会惯例、文化传统等。日本交叉持股的企业联盟设有"经理会"等非正式组织，实现企业间的沟通协调，敦促各方信守诺言，遵守共同体的行为规范。背离合作协议不仅将影响违约企业及其经理人的声誉，而且违约企业及其经理人还将受到来自其他成员企业的共同谴责和惩罚。在日本，企业集团中还设有"综合贸易公司"，负责集团内各企业的产品销售。各成员企业共用销售渠道和销售网络，不仅减少了重复建设的成本，避免了相互竞争，而且增进了各个成员企业彼此间的联系和沟通，大大降低了交易成本。由此形成的强关系网络能帮助企业实现长期合作和风险共担、利益分享。其中不容忽视的是：日本的文化传统对交叉持股制度网络的形成和发展始终起着很大的推动作用。例如，民族团结、上下一致的向心力，乐于奉献、勇往直前的武士道精神，重视群体利益、不计个人得失的价值观念，善于学习、勇于改革、敢于创新、锐意进取的奋斗精神等传统文化观念，主银行制度、银企联合、终身雇佣、劳资合作、社会保障等制度，对日本经济制度的维系、经济秩序的维护都有很大的作用。

企业网络中的各成员企业在网络中的地位取决于各自拥有的资源的稀缺性。日本的交叉持股制度之所以形成以主银行为核心的强关系网络，主要是由于资本市场不成熟，企业的融资渠道主要依靠银行贷款，这就决定了拥有资本这种稀缺资源的主银行处于网络中的核心地位。

（四）交叉持股企业间网络的治理成本

通过收购兼并其他企业可以直接实现资源的获取，但是与交叉持股相比，兼并收购的成本较高，风险较大，而且不容易实现。

1. 交叉持股的实施成本较低

因为企业利用并购方式获得被并购企业的资源需要投入较大的资金，而大量的营运资金被占用，会给企业后续的经营带来较大的支付风险。如果采用交叉持股的方式结成企业联盟，联盟的各方相互持有他方的股份，相互成为他方的稳定股东，长期投资的资金在他方购入本企业的股份时回流到本企业内部，整个操作所需的支付成本较低，资金占用较少，对本企业正常营运的限制性影响较小，因而实施成本较低。

2. 交叉持股可利用的资源的范围更广

一方面，由于并购所需成本高昂，可以进行并购的对象数量就受到限制，所能够整合的资源也就受到相应的局限。而交叉持股却可以由于成本低廉而使得企业同时寻求多个交叉持股合作伙伴成为可能。合作企业通过交叉持股织成一个更大的企业网络，综合利用合作各方拥有的资源，从而实现更广泛的资源结合，就可以较充分地发挥企业间的协同效应。另一方面，在采用并购的方式实现资源的结合时，被收购企业会因为对投资收益的分享的减少而减少关系专有性投资。正如哈特（2006）指出的那样，购并的收益是源于收购企业进行关系专用性投资的激励增加，而购并的成本则是被收购企业进行关系专有性投资的激励减少。这是因为收购企业通过合并获得了更多的剩余控制权，能够分得关系专有性投资所创造的事后盈余的更大部分；而被收购企业因只拥有较少的剩余控制权就只能分到较小部分由关系专有性投资所创造的事后盈余增量。[①] 因此只有购并方有较强的关系专有性投资的激励。而在交叉持股形成的企业网络中，由于各方以相互持有的股份为质押，共同抵御外来的敌意收购，保证长期的合作关系，加之各方交叉持股的比例相差不大，相互拥有的剩余控制权也大致相等，因此，交叉持股的各方均有着较强的进行关系专有性投资的激励。

3. 交叉持股能在较大程度上保持各方的灵活性

交叉持股各方只是持有对方的股份，各自仍是独立的法人，在企业内部仍然行使自主经营权，双方的合作是在不损害各自经济利益的前提下的合作，各方共同努力的目标是实现共赢。双方的合作

---

① 哈特：《企业合同与财务结构》，费方域译，上海三联书店、上海人民出版社，2006，第38页。

可以是局部的，也可以是多方位乃至全方位的。双方在某些方面的合作可以是短期的，也可以是长期的。相对于并购后形成的庞大规模导致灵活性的丧失而言，交叉持股制度下的各成员企业仍可以保持较大的经营灵活性。哈特（2006）指出，如果两家企业的资产高度互补，一方离开另一方就无法生存，那么这两家企业的所有者实际就都不具有真正的权利，此时通过兼并把所有的权利集中于其中一位所有者，使兼并后的所有者拥有真正的权利，就能够给企业带来增值。哈特（2006）进一步指出，资产互不依赖的两家企业实施兼并只能降低价值。因为被兼并企业的资产并不能增强兼并企业的活力，兼并企业的所有者几乎得不到什么有用的权利，但被兼并企业的所有者却因为不再拥有所使用资产的支配权而丧失了部分有用的权利。也就是说，资产互为独立的企业最好是通过维持双方企业的独立性在所有者之间配置权利。[①] 在交叉持股形成的企业联盟中，无论企业间的资产是否互补，各企业所有者仍然保持各自拥有的资源支配权利，因此各方都依然保持着追求利润最大化的原始冲动，各方通过交叉持股可以在利益交叉的业务范围内进行合作和竞争。这种既在合作中竞争又在竞争中合作的关系有利于降低成本，规避风险，促进生产，保障共赢。

4. 交叉持股可以回避并购后的整合风险

并购后组织内部的路径依赖性会引发并购后的一系列整合风险，如组织管理风险、人力资源整合风险、企业文化的融合风险等。显

[①] 哈特：《企业合同与财务结构》，费方域译，上海三联书店、上海人民出版社，2006，第8页。

然，通过并购形成一体化的内部化成本即整合成本较高。据商务部研究显示，全球企业兼并的平均成功率为25%，中国企业海外并购的成功率约为40%。中国多家企业如TCL、明基、联想、平安等相继出现海外并购后的不适应症或巨大的亏损，都显示出并购实施成本高昂而成功率却较低。

由此可见，与购并这种一体化策略相比，交叉持股形成的企业间网络成本较低，风险较小，优势显然较多。

（五）交叉持股企业间网络的治理效益

1. 有助于促进相关企业间信息的流动和知识技术的共享

在知识爆炸的信息时代，企业的创新源泉在于持续地获得新的知识、研发和应用新的技术。然而，市场交易的匿名性和竞争性却不利于知识的传递和学习，各自独立经营的企业之间很难有交流技术信息的激励。虽然通过购并等成功的一体化能取消企业间的认知距离，实现知识、技术的交流和学习，从而实现生产和工艺推陈出新，但是却需要为此付出高昂的成本，承担较高的风险。然而交叉持股企业之间，由于利益的相关性程度较高，所以彼此都有比较乐于交流信息、传递知识、传授技术的激励，而都不太倾向于相互保密和封锁。杨瑞龙（2005）指出，企业网络中独立的企业拥有不同的知识和能力集合，比购并整合形成的一体化的企业更加有利于企业通过吸收更多的知识进行创新。[1] 交叉持股企业间网络中的集体学习，往往促进了成员企业的研发资产的积累和新知识、新技术、新

---

[1] 杨瑞龙：《企业理论：现代观点》，中国人民大学出版社，2005，第192页。

材料、新产品的引进速度,有利于各自的竞争力的提高而不是相反,便是有力的证明。这是因为交叉持股形成的企业网络中,各个成员企业在各自的不同的资源条件约束下进行独立经营实践,因而各成员企业都积累了各自的经验教训,具有不同的知识和能力集合;同时,各成员企业间由于交叉持股而形成的相互之间的"一荣俱荣、一损俱损"的强利益相关性能促进各个成员间相互沟通、相互学习,提高认知水平和技术创新能力。

2. 有利于减少成员企业面临的竞争压力

与兼并收购形成的一体化的企业内部科层组织相比,交叉持股企业间网络形成的战略联盟关系较为松散。各成员企业仍然保留各自独立的法人地位和独立经营权,因而各自经营的自主性和主动性较强,彼此之间是一种宏观的强合作、弱竞争关系。这是因为采用交叉持股和共同投资的方式,可以在保持双方独立性的同时,实现局部的资源融合和专用性资产投资,培养出强大的互惠规范,建立稳定的合作关系。交叉持股企业在独特的资源约束条件下的自主经营,使得在局部合作的同时并不排斥竞争,形成企业网络内部合作与竞争共存的关系。企业常常在一种产品或服务上进行合作,而在另一产品或服务上进行竞争,竞争与合作并不互相排斥。[1] 这种局部的竞争是有限度的竞争,往往是在集团整体利益约束下的竞争。如果某个成员损害到集团的整体利益,将会受到其他成员的报复性行为的惩罚,如抛售其股份,经营上的不合作等。因此交叉持股企业间的竞争是相对有限的竞争,不容易发展为你死我活的恶性竞争。

---

[1] 杨瑞龙:《企业理论:现代观点》,中国人民大学出版社,2005,第180页。

这种有约束的竞争，其结果往往会促进各自的发展。

3. 交叉持股网络有利于节约交易费用

交易费用的节约是组织制度发生和演进的动力所在。企业间网络的作用之一是形成长期的稳定的合作关系，减少缔约成本、履约成本和监督成本等事前、事中和事后的交易费用。交叉持股企业间长期固定的交易伙伴关系降低了市场调研成本。交叉持股企业间网络往往以不完全契约代替市场的完全契约，大大地降低了市场开拓成本和缔约成本。交叉持股企业网络间长期频繁的交易和固定的交易习惯，形成了默契和模式以及顺畅的沟通渠道，可以降低履约成本。合作的延续性降低了讨价还价的成本，博弈的重复性增加了企业在任何单项交易中进行欺骗的潜在成本，声誉损害和不合作的威胁形成对机会主义行为的报复性惩罚机制，有效降低了监督成本。

4. 可以降低企业生产经营的不确定性

不确定性会给企业带来风险。虽然不确定性往往是无法完全消除的，但是风险却是可以通过适当的方式部分规避的。交叉持股制度就是一种典型的风险交换、风险分摊、风险规避的企业网络组织形式。处在变化剧烈的市场竞争环境中，由于企业所需的各种生产要素的获得与投入的约束条件不同，以及各要素组合结构与发挥作用的机制不同，其生产经营的各个环节（包括采购、生产、销售）都存在着不确定的变项。例如在资本的筹集、投资方向的选择、投资规模的确定、产品研发的决策、新技术的发明和采用、产品销售制度的制定、供销渠道的维护与扩展、企业文化的建设、环境的保护和优化等方面，都充满着难以预料的情况。任何计划都不可能天衣无缝，任何形式的契约都不可能穷尽变项的内容。企业的存在和发展实际上就是计划安排、预测并处理这些变项，寻求动态的平衡。市场作为一种自发的协调机制，其运作的前提性动因就是参与者各自利益的理性追求，反映到市场中的供需变化，就是供给与需求不相称，市场价格总在反复波动；反映到企业生产过程当中，就是各个生产环节不断出现的突发事变，交易成本或突增或突减。突发事件总是会有的，预测不可能是全知全能的，契约便不可能都是完全契约，不可能都让第三方保证执行。签约的谈判不可能一次性完成，必然会进行多次的反复的费时费力的讨价还价，增加不可预测的交易成本。交叉持股固然不可能完全解决不确定性问题，然而却可以在一定程度上降低不确定性带来的交易成本。例如跨国界、跨地域、跨行业、跨文化的企业交叉持股形成的企业间网络，往往有助于克服新技术转移与新知识传递可能遇到的文化观念上的、信息披露上的和组织团队实施上的多种困难。

（六）企业间网络利于企业实现竞争与合作的动态平衡

采用企业交叉持股方式比兼并收购较为容易形成企业间网络结构。其所形成的企业间网络结构，正是介于市场和企业科层之间的"混合模式"即"第三种组织形式"（Williamson，1991）。这种模式的突出特征是既存在依赖市场竞争互相促进的一面，又有通过市场竞争实现合作互利、共享知识信息和技术从而促进各自独立发展的一面。它在一定程度上实现了市场与企业的联合，减少了因为二者对立和分离而增加的交易成本。它可以使企业间网络的合作机制得到比较充分的发挥，又可以规避独立企业之间可能发生的恶性竞争，从而能比较充分地享受企业间网络治理的正面效益。不言而喻，企业交叉持股是企业在发展中寻求竞争与合作的动态平衡的一种合理的选择。这种制度如若安排得当，适时适度，会有益于企业的成长壮大和社会福祉的增加。

第四章

中国上市公司交叉持股的经济绩效的实证研究

一 中国上市公司交叉持股制度的特征

为了了解中国上市公司的交叉持股特征，笔者对 WIND 数据库提供的上市公司交叉持股数据加以整理分析得到表 4-1，以期获得上市公司的交叉持股数量方面的证据。

表 4-1 中国上市公司交叉持股特征

年份		2004	2005	2006	2007	2008	2009	2010
广义交叉持股	持股上市公司数（家）	409	419	364	489	490	495	360
	被持股上市公司数（家）	1480	1446	1132	1778	1619	1984	1407
	投资总额（亿元）				10681	9319	10942	13209
狭义交叉持股	交叉持股（对）	74	70	57	28	21	17	7
	投资总额（万元）				582028	197580	62871	276149

资料来源：根据 WIND 数据库数据整理。

在表 4-1 中，广义交叉持股包括单向间接交叉持股和双向直接互持，狭义交叉持股仅包括上市公司间的双向直接互持。

2004 年 A 股上市公司发生了 1480 例广义交叉持股，剔除单向间接交叉持股的上市公司后，共有 148 例上市公司间双向直接交叉持股，即狭义交叉持股。2005 年 A 股上市公司发生了 1446 例广义交叉持股，剔除单向间接交叉持股的上市公司后，共有 140 例上市公司间的狭义交叉持股。2006 年 A 股上市公司发生了 1132 例广义交叉持股，剔除单向间接交叉持股的上市公司后，发生了 114 例上市公司间的狭义交叉持股，其中有 6 例属于金融保险类上市公司持有其他上市公司的股票，主要是深发展、国金证券和爱建股份 3 家公司持有其他上市公司的股票。2007 年 A 股上市公司发生了 1778 例广义交叉持股，剔除单向间接交叉持股的上市公司后，发生了 56 例上市公司间的狭义交叉持股。2008 年 A 股上市公司发生了 1619 例广义交叉持股，剔除单向间接交叉持股的上市公司后，发生了 42 例上市公司间的狭义交叉持股。2009 年 A 股上市公司发生了 1984 例广义交叉持股，剔除单向间接交叉持股的上市公司后，发生了 34 例上市公司间的狭义交叉持股。2010 年 A 股上市公司发生了 1407 例广义交叉持股，剔除单向间接交叉持股的上市公司后，发生了 14 例上市公司间的狭义交叉持股。

由表 4-1 可知，2004~2009 年进行广义交叉持股的上市公司呈逐年上升趋势，2010 年有所回落；收集到的广义交叉持股投资总额从 2007 年的 10681 亿元，到 2008 年降至 9319 亿元，再攀升至 2009 年的 10942 亿元，至 2010 年升至 13209 亿元，总体呈不断上升趋势。狭义交叉持股自 2004 年起明显呈逐年下降趋势，参与交叉持股的上市公司由 2004 年的 74 对降至 2010 年的 7 对，总投资金额由 2007 年的 582028 万元降至 2010 年的 276149 万元。前几章的理论分析说明，企业进行狭义交叉持股主要是联合抵御敌意收购或结成战略联盟扩大投资谋求发展的行为，而广义交叉持股则很可能是为了分享股市上涨带来的市场价值增值而进行的财务投资行为。以上我国上市公司的交叉持股数据显示，我国上市公司单向间接交叉持股呈明显上升趋势，而双向直接交叉持股则呈明显下降趋势。

二 中国上市公司交叉持股的经验证据

（一）研究假设

公司价值可以分为市场价值和基本面价值。以往实证研究文献对交叉持股对国内公司价值的影响的研究也可以分为对公司市场价值的影响和对公司实体经营即基本面的影响两个部分。例如，白默和刘志远（2010）对 2009 年我国部分持有创业板上市公司的主板市场上市公司的股价进行分析，指出在发行市场和交易市场存在较高股票价差的背景下，上市公司的交叉持股行为可能导致公司实体资产的真实价值与公司市值出现更加严重的背离，公司账面价值虚增，从而引发资本市场的泡沫化。因此本书从公司市场价值和基本面价值两个方面来探索交叉持股制度的经济后果。

1. 交叉持股对企业市场价值的影响

Isagawa（2000）指出交叉持股比例的下降会引起股价上升。

Nitta（2000）实证研究指出企业的业绩与国内交叉持股比例呈反向相关，与外国投资额增加有正向相关关系。林华（2006）通过对2000年和2001年与券商交叉持股的上市公司的累计非正常报酬率进行检验，分析交叉持股对上市公司的短期经济后果和长期业绩的影响，认为交叉持股并没有使上市公司的整体业绩获得改善，但是投资绩效有显著提高。李进（2009）引入复杂网络分析指出，具有直接交叉持股关系股票的相关系数并不一定比间接交叉持股股票的相关系数大，即使是处于同一交叉持股网络中的股票，其价格关系也并非都是正相关或负相关的。冯震宇（1999）认为，在公司的股价出现暴跌时，母公司通过子公司回购自己发行在外的流通股票，提升或稳定股价，以达到护盘的目的。贡峻（2009）实证研究结果表明，上市公司交叉持股比例对企业价值具有显著的正向放大作用。综合比较以往的文献发现研究结论并不统一，甚至相互对立。因此有待进一步验证交叉持股对于企业市场价值的影响。由此依次提出以下假设：

H1：交叉持股上市公司与未交叉持股上市公司的公司市场价值有区别。

H2：上市公司市场价值与交叉持股存在显著相关关系。

H3：上市公司市场价值与交叉持股比例存在显著相关关系。

2. 交叉持股对企业基本面的影响

La Porta等（1997）指出公司内部人有多种方式掠夺外部人的利益，如岗位特权消费、过高的工资和奖金、转移定价等，从而导致经营成本的上升和经营收益的下降。Wenstein和Yafeh（1998）研究表明，与主银行有关联的日本公司在向主银行贷款时支付比市场价更高的利息率，说明这些机构从客户中榨取租金。Hoshi（1991）分析了与主银行交叉持股关系紧密的公司和与主银行关系较弱的公司的投资行为，发现与主银行联系较弱的公司的投资对流动性更加敏感，强调了金融中介在投资过程中的作用。蒋学跃（2009）指出周期性较强的行业交叉持股可以分散经营风险，实现多元化经营以减少行业周期性的影响。秦俊、唐鹏程（2009）通过对我国 A 股通信行业上市公司交叉持股数据分析，指出我国上市公司主营业务盈利能力与公司是否参与交叉持股以及交叉持股比例之间不存在相关性。相关文献显示交叉持股对企业的基本面价值影响不显著或存在负面影响。然而，以往文献的分析研究或多或少有些局限，如 Wenstein 和 Yafeh（1998）是以日本为研究对象的，秦俊和唐鹏程（2009）是以某一行业为研究对象的。因此，本章试图通过收集 A 股市场 2007~2010 年的数据，以相对较长时间跨度和较大行业覆盖面的数据进行分析，以期能够较可靠地验证我国上市公司交叉持股对公司基本面的改善的贡献程度的相关结论。由此依次提出以下假设：

H4：交叉持股上市公司与未交叉持股上市公司的公司基本面价值有区别。

H5：上市公司基本面价值与交叉持股不存在相关关系。

H6：上市公司基本面价值与交叉持股比例不存在相关关系。

（二）研究设计

1. 样本选择

上市公司财务数据和公司治理数据收集整理自 CCER 数据库。

上市公司交叉持股数据收集整理自 WIND 数据库。

由于 2006 年以前的沪深两市可获得的交叉持股数据主要是投资数量，2006 年以后可获得的交叉持股数据则主要是投资金额，因此鉴于数据的可获得性受限制，本章选取 2007～2010 年沪深两市的上市公司的 1637 家交叉持股数据作为分析样本。考虑到金融行业企业的财务数据的特殊性，剔除金融行业的相关数据。接着剔除 756 家 ST、PT 及退市的上市公司，最后剔除数据不全的上市公司后共得到 6129 组样本。其中有 1637 家样本公司进行了广义交叉持股，占总样本的 26.7%，未进行交叉持股的共有 4492 家样本公司，占总样本的 73.3%。

2. 变量选择

（1）被解释变量。国外研究公司价值有市场评价法和财务评价法两种方法。市场评价法主要利用托宾 Q 为替代变量。以企业价值作为被解释变量，分析交叉持股对企业价值的影响，预期符号为正。财务评价法中选择净资产收益率 ROE 作为公司价值的替代变量。据此本书分别选择托宾 Q 和 ROE 作为公司价值的替代变量，研究分析交叉持股对上市公司的市场价值和企业基本面的影响。

（2）解释变量。交叉持股变量 jc 为二元变量，如果上市公司进行了交叉持股，则 jc 取值为 1；如果上市公司未交叉持股，则 jc 取值为 0。交叉持股比率变量 jcbl 以交叉持股投资金额与总资产的比例进行计算，反映上市公司用以进行交叉持股投资的规模对公司经营的影响程度。

（3）控制变量。在模型中选择资产规模、股权集中度、资产负债率、市盈率、资产周转率、最终控制人类型、行业、年度等作为控制变量。

其中，资产规模 lnSIZE 是总资产的自然对数，用来控制总资产规模对公司价值和交叉持股行为的影响。

股权集中度以 CR_10 指数为代理变量，即公司前 10 大股东持股比例之和。李青原（2010）指出，当上市公司第一大股东持股超过一定比例后，其持股比例越高则交叉持股比例相应越小，说明股权集中度对交叉持股比例有一定的影响。因此以股权集中度这个变量控制公司治理对公司价值的影响。

选择企业资本结构理论研究中普遍采用资产负债率 LEV 作为资本结构的替代变量。

用市盈率 PE 估计公司股票的投资报酬和风险，控制上市公司盈利能力。以资产周转率 AT 控制总资产的周转速度。

最终控制人类型 CTRL 是截至有效交易日，公司第一大股东的最终控股股东类型。

行业控制变量 IND 为哑变量，对行业差异进行控制。

年度控制变量 Year 对年度差异进行控制。企业的经营不仅取决于企业自身经营，同时也受到宏观经济环境的影响，因此以年度变量控制宏观经济对企业个体的影响。

（三）实证结果

1. 描述性统计

对进行了交叉持股的 1637 家上市公司进行描述性统计，结果见表 4-2，交叉持股比例均值为 2.66%，说明大多数上市公司交叉持股用于持有其他上市公司的金额占总资产的比率并不大。托宾 Q 的均值为 1.905，标准差为 1.2，说明在进行交叉持股企业的市场表现差异较大。ROE1 的均值为 0.088790，标准差为 0.1757259，ROE2 的均值为 0.069461，标准差为 0.1480336，可见交叉持股上市公司间基本面的差异并不像市场差异那么大。股权集中度指标的均值约为 0.53，标准差约为 0.24，可见进行交叉持股的上市公司的股权集中度并不高，前 10 大股东的股权合计达 0.53，说明有可能存在利用交叉持股防御敌意收购的动机。

表 4-2 描述性统计

	数量 N	最小值	最大值	均值	标准误
TOBINQ	1637	0.5456	14.8666	1.905329	1.2022095
ROE1	1637	-3.7298	1.3417	0.088790	0.1757259
ROE2	1637	-3.2255	1.2586	0.069461	0.1480336
jcbl	1637	0.0000	10.6000	0.026563	0.2953531
lnSIZE	1637	1.872145260262E1	2.681683560699E1	2.21103750947018E1	1.313746182369084E0
LEV	1637	0.0108	1.1511	0.498713	0.1916363
AT	1637	0.0000	8.9977	0.815726	0.7293023
PE	1637	-30620.0000	5721.4286	93.339308	872.4149880
PA	1637	-4.0698	44.1579	4.627740	3.7977454
CR_10	1461	0.049468	7.327670	0.53273688	0.243197841
Valid N (listwise)	1461				

对 6129 家样本上市公司按不同最终控制人类型分类统计其交叉持股数量及比例，结果见表 4-3。交叉持股比例最高的是职工持股

会控股上市公司，其次是国有控股上市公司，接着是集体控股上市公司，然后是民营控股和外资控股上市公司，最后是社会团体控股上市公司。

表 4-3　不同最终控制人类型上市公司交叉持股情况

上市公司最终控制人类型		国有控股	民营控股	外资控股	集体控股	社会团体控股	职工持股会控股	无法识别	缺失
未交叉持股	数量（家）	2309	2002	42	64	20	19	7	29
	比例（%）	67	82	82	76	95	50	58	83
交叉持股	数量（家）	1126	451	9	20	1	19	5	6
	比例（%）	33	18	18	24	5	50	42	17
公司总数量（家）		3435	2453	51	84	21	38	12	35

国有控股上市公司在国有股持股比例不高时，更易通过交叉持股来防范敌意收购，例如深长城和深振业均为深圳市国资局控股公司，其持股量均远高于第二大股东，并且深长城和深振业之间进行了交叉持股。2010年，深圳市国资局就利用增持和深长城与深振业间的交叉持股成功对抗了宝能集团的敌意收购。至2011年，深圳国资委和深振业A合计持有深长城36.81%的股份，而深长城亦持有深振业A 3.31%的股份。

民营上市公司的实际控制人的绝对控制权较高，控制权与所有权的分离并不显著，实际控制人以单一自然人或家族控制为主，实际控制人的控制结构较为简单。民营上市公司的股权集中特征非常明显，多数民营上市公司的第一大股东的持股比例远远高于其他股东,前三大股东的持股比例悬殊,非控股股东持股比例较小。这一特征决定了我国中小板民营上市公司属于典型的股权集中控制类型,外部并购治理机制很难对我国中小板民营公司治理发生实质性影响。因此民营控股企业有可能并不太需要通过交叉持股来防范敌意收购。

根据以上不同最终控制人类型,分类统计其交叉持股数量及比例的描述性统计数量特征,为了验证不同最终控制人类型对交叉持股行为的影响,进一步补充提出如下假设:

H7:不同最终控制人类型的交叉持股比例存在显著差异。

H8:不同最终控制人类型的交叉持股比例存在显著差异,并对公司市场价值产生显著影响。

2. 相关性分析

对模型变量进行的 Pearson 相关性分析及 Spearman 相关性分析结果如表4-4所示。

表4-4右上角的 Pearson 相关性分析显示,托宾Q与交叉持股比例负相关,但不显著;企业规模和资产负债率与交叉持股比例在1%的置信水平显著负相关;交叉持股比例与 ROE 相关,但不显著。

表4-4左下角的 Spearman 相关性分析则显示,托宾Q与交叉持股比例正相关,但不显著;企业规模和资产负债率与交叉持股比例在1%的置信水平显著负相关;交叉持股比例与 ROE 相关,但不显著。因此,需要进一步采用回归分析以确定相关性关系及其显著性。

第四章 中国上市公司交叉持股的经济绩效的实证研究

表 4-4　Spearman 及 Pearson 相关性分析

		TOBIN'Q	jcbl	lnSIZE	ROE1	ROE2	LEV	AT	PE	PA	CR_10
TOBIN'Q	Pearson Correlation	1.000	-0.009	-0.375**	0.013	0.033	-0.331**	-0.035	0.002	0.275**	-0.048
	Sig. (2-tailed)		0.724	0.000	0.599	0.181	0.000	0.155	0.926	0.000	0.067
jcbl	Pearson Correlation	0.024	1.000	-0.071**	-0.002	0.001	-0.099**	-0.040	0.005	0.045	0.036
	Sig. (2-tailed)	0.339		0.004	0.927	0.983	0.000	0.102	0.850	0.071	0.175
lnSIZE	Pearson Correlation	-0.443**	-0.109**	1.000	0.162**	0.130**	0.396**	0.031	-0.007	-0.200**	0.220**
	Sig. (2-tailed)	0.000	0.000		0.000	0.000	0.000	0.215	0.790	0.000	0.000
ROE1	Pearson Correlation	-0.034	-0.034	0.283**	1.000	0.943**	-0.078**	0.089**	-0.022	0.164**	0.145**
	Sig. (2-tailed)	0.171	0.171	0.000		0.000	0.002	0.000	0.383	0.000	0.000
ROE2	Pearson Correlation	0.009	-0.031	0.249**	0.893**	1.000	-0.104**	0.068**	-0.021	0.166**	0.130**
	Sig. (2-tailed)	0.721	0.211	0.000	0.000		0.000	0.006	0.394	0.000	0.000
LEV	Pearson Correlation	-0.294**	-0.317**	0.401**	0.009	-0.032	1.000	0.195**	-0.025	0.055**	-0.058**
	Sig. (2-tailed)	0.000	0.000	0.000	0.712	0.195		0.000	0.311	0.027	0.026
AT	Pearson Correlation	0.014	-0.171**	0.023	0.168**	0.161**	0.207**	1.000	-0.025	0.067**	0.064*
	Sig. (2-tailed)	0.575	0.000	0.357	0.000	0.000	0.000		0.305	0.007	0.015
PE	Pearson Correlation	0.022	0.029	-0.300**	-0.215**	-0.257**	-0.075**	-0.040	1.000	-0.063*	-0.033
	Sig. (2-tailed)	0.367	0.246	0.000	0.000	0.000	0.002	0.105		0.011	0.201
PA	Pearson Correlation	0.173**	-0.057*	-0.237**	0.294**	0.302**	-0.019	0.075**	0.357**	1.000	0.075**
	Sig. (2-tailed)	0.000	0.021	0.000	0.000	0.000	0.441	0.002	0.000		0.004
CR_10	Pearson Correlation	-0.169**	-0.053*	0.215**	0.275**	0.286**	-0.065*	0.096**	-0.090**	0.083**	1.000
	Sig. (2-tailed)	0.000	0.043	0.000	0.000	0.000	0.013	0.000	0.001	0.001	

注：① ** 表示在 0.01 的置信水平相关（双尾检验）；* 表示在 0.05 的置信水平相关（双尾检验）。
② 左下角是 Spearman 相关系数，右上角是 Pearson 相关系数。

3. 分组检验及回归分析

首先将样本公司按是否交叉持股分为两组进行全样本分组检验和子样本分组检验，然后再分别进行全样本回归分析和子样本回归分析。

(1) 全样本分组检验。H1：未交叉持股上市公司的托宾 Q 均值与交叉持股上市公司的托宾 Q 均值之间存在差异。

首先将样本按是否交叉持股分为两组进行独立样本 t 检验，检验结果如表 4-5 和表 4-6 所示。未交叉持股的 4492 家上市公司的均值为 2.107559，交叉持股的 1637 家上市公司的均值为 1.905329。对独立均值进行 t 检验的结果如表 4-6 所示。t = 4.828，P = 0.000，表明未交叉持股上市公司的托宾 Q 均值与交叉持股上市公司的托宾 Q 均值之间的差异在 1% 的置信水平是显著的。研究假设 H1 成立。

H4：未交叉持股上市公司的 ROE 均值与交叉持股上市公司的 ROE 均值之间存在差异。

检验结果如表 4-7 和表 4-8 所示，未交叉持股的 4492 家上市公司的均值为 0.072235，交叉持股的 1637 家上市公司的均值为 0.08879。对独立均值进行 t 检验的结果如表 4-7 所示。t = -1.08，P = 0.28，表明未交叉持股上市公司的 ROE 均值与交叉持股上市公司的 ROE 均值之间的差异不显著。不能拒绝研究假设 H4。

(2) 子样本分组检验。在交叉持股的上市公司子样本中对不同最终控制人类型的交叉持股比例及其对公司价值的影响分别进行简单方差分析和析因方差分析，检验 H7 和 H8。

第四章 中国上市公司交叉持股的经济绩效的实证研究

表 4-5 托宾 Q 均值分组检验

	jc	样本数 N	均值	标准差	均值的标准误
托宾 Q	0	4492	2.107559	1.5314482	0.0228498
	1	1637	1.905329	1.2022095	0.0297136

表 4-6 托宾 Q 均值独立样本检验

		方差的 Levene 检验		均值的 t 检验					
		F 值	显著性	t 值	自由度	显著性（双尾）	均值差值	标准误差值	差分的 99% 置信区间	
									下限	上限
托宾 Q	假设方差相等	13.550	0.000	4.828	6127	0.000	0.2022305	0.0418869	0.0943034	0.3101576
	假设方差不相等			5.395	3674.901	0.000	0.2022305	0.0374835	0.1056292	0.2988318

表 4-7 ROE 均值分组检验

	jc	样本数 N	均 值	标准差	均值的标准误
ROE1	0	4492	0.072235	0.6112585	0.0091202
	1	1637	0.088790	0.1757259	0.0043432

表 4-8 ROE 均值的独立样本 t 检验

		方差的 Levene 检验		均值的 t 检验					
		F 值	显著性	t 值	自由度	显著性（双尾）	均值差值	标准误差差值	差分的 99% 置信区间	
									下限	上限
ROE1	假设方差相等	2.633	0.105	-1.080	6127	0.280	-0.0165553	0.0153343	-0.05607	0.022956
	假设方差不相等			-1.639	5922.754	0.101	-0.0165553	0.0101016	-0.04258	0.009473

第四章 中国上市公司交叉持股的经济绩效的实证研究

H7：不同最终控制人类型的交叉持股比例存在显著差异。

按最终控制人类型分组进行简单方差分析，结果如表4-9所示，F=1.788，P=0.086，说明不同最终控制人类型的交叉持股比例在10%的置信水平存在显著差异，即最终控制人类型对交叉持股比例有显著的影响。研究假设H7成立。

表4-9 最终控制人类型交叉持股比例的简单方差分析

	平方和	自由度	均方差	F值	显著性
组 间	1.088	7	0.155	1.788	0.086
组 内	141.626	1629	0.087		
合 计	142.714	1636			

接着按最终控制人类型和交叉持股jc分组对托宾Q进行析因方差分析，结果如表4-10所示。交叉持股jc的F值为0.711，P值为0.399，说明交叉持股没有主效应，即无论样本上市公司交叉持股与否，其公司价值不存在显著差异；而最终控制人类型的F值为8.081，P值为0.000，说明最终控制人类型对公司价值有主效应，即不同上市公司的最终控制人类型的公司价值存在显著差异。特别值得注意的是，最终控制人类型与交叉持股jc的交乘项的F值为2.022，P值为0.049，说明这两个主效应之间存在交互效应，即不同最终控制人类型的企业交叉持股行为对公司的市场价值有显著的影响。

进一步按最终控制人类型和交叉持股比例jcbl分组对托宾Q进行析因方差分析。对假设H8进行检验。

表4-10 最终控制人类型和交叉持股对市场价值影响的析因方差分析

	平方和	自由度	均方差	F值	显著性
修正后的模型	209.063①	15	13.938	6.689	0.000
	735.560	1	735.560	353.013	0.000
jc	1.482	1	1.482	0.711	0.399
最终控制人类型	117.862	7	16.837	8.081	0.000
jc×最终控制人类型	29.490	7	4.213	2.022	0.049
误 差	12737.420	6113	2.084		
合 计	38792.771	6129			
修正后的合计	12946.484	6128			

注①：因变量：ROE1。

H8：不同最终控制人类型的交叉持股比例存在显著差异，并对公司市场价值产生显著影响。

结果如表4-11显示。P值均小于0.01，说明交叉持股比例jcbl与最终控制人类型对公司价值都有主效应，而且这两个主效应之间也存在交互效应，即不同最终控制人类型和企业的交叉持股比例对公司的市场价值的影响都在1%的置信水平显著。因此假设H8成立。

表4-11 最终控制人类型和交叉持股比例对市场价值影响的析因方差分析

	平方和	自由度	均方差	F值	显著性
修正后的模型	1057.026①	578	1.829	1.480	0.000
	344.322	1	344.322	278.619	0.000
jcbl	782.600	420	1.863	1.508	0.000
最终控制人类型	30.015	7	4.288	3.470	0.001
jcbl×最终控制人类型	320.195	151	2.120	1.716	0.000

第四章 中国上市公司交叉持股的经济绩效的实证研究

续表

	平方和	自由度	均方差	F值	显著性
误　差	1307.497	1058	1.236		
合　计	8307.287	1637			
修正后的合计	2364.523	1636			

注①：同表4-10。

子样本分组检验证明了不同最终控制人的交叉持股及交叉持股比例都对市场价值有显著影响。

（3）回归分析。①分析是否交叉持股与公司市场价值的相关性。

H2：上市公司市场价值与交叉持股存在显著相关关系。

为检验交叉持股与公司市场价值的相关性，建立模型如下：

$$TOBINQ = \alpha_1 + \alpha_2 jc + \alpha_3 \ln SIZE + \alpha_4 LEV$$
$$+ \alpha_5 CTRL + \alpha_6 AT + \alpha_7 PE + \alpha_8 PA$$
$$+ \alpha_9 CR\_10 + \delta IND + \varphi Year + \varepsilon$$

表4-12　交叉持股与公司市场价值回归系数

模　型	非标准化的相关系数 B	标准误	标准化的相关系数 Beta	t值	显著性
（常量）	8.993	0.357		25.169	0.000
jc	0.104	0.042	0.032	2.477	0.013
lnSIZE	-0.300	0.016	-0.262	-18.267	0.000
LEV	-0.739	0.102	-0.100	-7.210	0.000
AT	0.086	0.030	0.038	2.879	0.004
PE	7.040E-6	0.000	0.005	0.395	0.693
PA	0.028	0.002	0.161	13.046	0.000

续表

模　型	非标准化的相关系数 B	Std. Error	标准化的相关系数 Beta	t 值	显著性
CR_10	-0.004	0.001	-0.070	-5.714	0.000
Year2007	-1.149	0.055	-0.337	-21.057	0.000
Year2008	-0.183	0.054	-0.055	-3.410	0.001
Year2009	0.057	0.052	0.017	1.092	0.275
A	0.261	0.148	0.027	1.766	0.077
B	0.577	0.155	0.057	3.721	0.000
C	0.012	0.093	0.004	0.133	0.894
D	-0.154	0.126	-0.021	-1.230	0.219
E	-0.129	0.148	-0.013	-0.870	0.385
F	-0.071	0.129	-0.010	-0.555	0.579
G	0.211	0.114	0.035	1.846	0.065
H	-0.152	0.117	-0.024	-1.300	0.194
J	-0.226	0.122	-0.033	-1.851	0.064
K	-0.197	0.133	-0.024	-1.485	0.138
L	0.030	0.222	0.002	0.134	0.893
my	-0.099	0.040	-0.033	-2.485	0.013
wz	0.095	0.206	0.006	0.461	0.645
jt	-0.117	0.161	-0.009	-0.727	0.467
sh	0.256	0.291	0.011	0.881	0.378
zg	0.252	0.215	0.014	1.170	0.242

表 4-12、表 4-13 和表 4-14 的回归结果显示，该方程的 F 值为 62.472，P 值为 0.000，说明该回归方程显著。调整后的判定系数 $R^2 = 0.229$，说明该方程自变量对公司价值的解释程度达到约

22.9%。二元自变量 jc 的系数 α_2 为 0.104，t 值为 2.477，P 值为 0.013，且相关系数符号为正，说明上市公司的交叉持股行为对公司的市场价值在5%的置信水平呈显著的正相关关系。即进行交叉持股的上市公司的价值相比未进行交叉持股的上市公司的市场价值有显著的提高。DW 值为 1.817，表明该方程不存在自相关。假设 H2 成立。

表 4-13 交叉持股与公司市场价值模型总体

模 型	R	判定系数 R^2	调整后的判定系数 R^2	估计值的标准误	D.W. 值
1	0.483[①]	0.233	0.229	1.2915184	1.817

注①：同表 4-10。

表 4-14 交叉持股与公司市场价值模型方差分析

模 型	平方和	自由度	均方差	F 值	显著性
回 归	2709.305	26	104.204	62.472	0.000[①]
残 差	8923.905	5350	1.668		
合 计	11633.211	5376			

注①：同表 4-10。

②分析交叉持股与否与公司经营基本面价值的相关性。H5：上市公司基本面价值与交叉持股不存在相关关系。

为检验交叉持股与公司实体经营价值的相关性，建立模型如下：

$$ROE1 = \alpha_1 + \alpha_2 jc + \alpha_3 \ln SIZE + \alpha_4 LEV + \alpha_5 CTRL + \alpha_6 AT + \alpha_7 PE + \alpha_8 PA + \alpha_9 CR\_10 + \delta IND + \varphi Year + \varepsilon$$

回归结果显示如表 4-15、表 4-16 和表 4-17 所示。

交叉持股的作用机理及经济后果

表4-15 交叉持股与公司基本面价值模型总体

模型	R	判定系数 R^2	调整后的判定系数 R^2	估计值的标准误	D.W.值
1	0.158[①]	0.025	0.020	0.5588405	1.988

注①：同表4-10。

表4-16 交叉持股与公司基本面价值方差分析

模型	平方和	自由度	均方差	F值	显著性
回 归	42.697	26	1.642	5.258	0.000[①]
残 差	1670.819	5350	0.312		
合 计	1713.516	5376			

注①：同表4-10。

表4-17 交叉持股与公司基本面价值回归系数

模型	非标准化的相关系数 B	标准误	标准化的相关系数 Beta	t值	显著性
（常量）	-0.639	0.155		-4.134	0.000
jc	-0.002	0.018	-0.001	-0.101	0.919
lnSIZE	0.040	0.007	0.091	5.647	0.000
LEV	-0.357	0.044	-0.126	-8.052	0.000
AT	0.078	0.013	0.090	6.060	0.000
PE	3.891E-6	0.000	0.007	0.504	0.614
PA	0.001	0.001	0.009	0.639	0.523
CR_10	3.599E-5	0.000	0.002	0.122	0.903
Year2007	0.005	0.024	0.004	0.219	0.827
Year2008	-0.037	0.023	-0.029	-1.588	0.112
Year2009	-0.025	0.022	-0.020	-1.133	0.257
A	-0.070	0.064	-0.018	-1.088	0.277
B	0.028	0.067	0.007	0.416	0.678

续表

模 型	非标准化的相关系数 B	标准误	标准化的相关系数 Beta	t 值	显著性
C	-0.065	0.040	-0.057	-1.622	0.105
D	-0.028	0.054	-0.010	-0.524	0.600
E	0.007	0.064	0.002	0.116	0.908
F	-0.047	0.056	-0.016	-0.841	0.400
G	-0.060	0.049	-0.026	-1.220	0.223
H	-0.003	0.051	-0.001	-0.055	0.956
J	0.054	0.053	0.020	1.023	0.306
K	-0.025	0.057	-0.008	-0.433	0.665
L	-0.078	0.096	-0.012	-0.818	0.414
my	0.031	0.017	0.027	1.773	0.076
wz	-0.150	0.089	-0.023	-1.684	0.092
jt	0.085	0.070	0.017	1.223	0.221
sh	-0.048	0.126	-0.005	-0.384	0.701
zg	0.028	0.093	0.004	0.300	0.764

由表4-15、表4-16和表4-17可知，方程的F值为5.258，t值为0.000，可看出该模型方程显著，DW值为1.988，表明该方程不存在自相关。调整后的判定系数$R^2=0.020$，说明该方程自变量对公司实际价值的解释程度较小，仅达到2%。由表4-17可知，交叉持股系数为-0.002，t值为-0.101，P值为0.919，交叉持股变量jc并不与ROE1显著相关。假设H5成立。

③交叉持股比例对公司价值的影响。为了解交叉持股比例的高低对上市公司的市场价值的影响程度，进一步选择交叉持股的上市

公司进行分析,检验交叉持股比例对公司价值的影响程度。

H3：上市公司市场价值与交叉持股比例存在显著相关关系。

为检验交叉持股比例与公司市场价值的相关性,建立模型如下：

TOBINQ = $\alpha_1 + \alpha_2 jcbl + \alpha_3 \ln SIZE + \alpha_4 LEV + \alpha_5 CTRL + \alpha_6 AT + \alpha_7 PE + \alpha_8 PA + \alpha_9 CR\_10 + \delta IND + \varphi Year + \varepsilon$

从表4-18可知,DW统计量值为1.813,基本不存在正的自相关。判定系数为0.459,调整后的判定系数为0.449,说明方程的拟合效果较好。

表4-18 交叉持股比例 jcbl 对公司价值影响的回归模型拟合效果

模　型	R	判定系数 R^2	调整后的判定系数 R^2	估计值的标准误	D.W.值
1	0.677[①]	0.459	0.449	0.8920705	1.813

注①：同表4-10。

由表4-19可知,F检验统计量为46.503,其相应的概率为0.000,说明该方程的整体是显著的。

表4-19 交叉持股比例对公司价值影响的回归方程方差分析

模　型	平方和	自由度	均方差	F值	显著性
回　归	962.181	26	37.007	46.503	0.000[①]
残　差	1135.592	1427	0.796		
合　计	2097.772	1453			

注①：同表4-10。

由表4-20的交叉持股比例与公司价值相关性的回归分析结果可知,交叉持股比例与公司市场价值的相关系数为-0.304,t值

为 -4.006，P 值为 0.000，说明交叉持股比例与公司市场价值在 1% 的水平显著负相关。即交叉持股比例下降 10%，将导致上市公司市场价值上升 3.04%。一个可能的解释是我国的上市公司的交叉持股主要是短期财务投机行为，而非长期的战略投资行为，因此交叉持股比例的下降可能是持股公司获利了结，导致公司市场价值上升。另一个解释是由于本书的研究数据包括 2007~2010 年四个会计年度，而证券市场自 2007 年下半年起由牛市转为熊市，而在熊市的证券市场总体价值走低的情况下，上市公司参股其他上市公司，更易受到大环境的影响使得自身的市值下降。这也恰恰说明交叉持股在经济繁荣时期能使相互交叉持股的上市公司的市场价值互相推高，在经济衰退时期会使相互交叉持股的上市公司的市场价值缩水。假设 H3 成立。

年度控制变量总体与公司市场价值显著相关，其中 2007 年在 1% 的置信水平与公司市场价值显著相关，2008 年度在 10% 的置信水平，2009 年度则不与公司市场价值显著相关。控制变量股权集中度也与公司市场价值在 1% 的置信水平显著负相关，说明股权集中度这个公司治理变量对公司的市场价值存在显著的负面效应。

表 4-20 交叉持股比例与公司价值相关性的回归分析

模 型	非标准化的相关系数 B	标准误	标准化的相关系数 Beta	t 值	显著性
（常量）	6.619	0.517		12.794	0.000
jcbl	-0.304	0.076	-0.079	-4.006	0.000
lnSIZE	-0.182	0.024	-0.192	-7.684	0.000

续表

模 型	非标准化的相关系数 B	标准误	标准化的相关系数 Beta	t 值	显著性
LEV	-1.779	0.147	-0.283	-12.122	0.000
AT	0.016	0.037	0.010	0.431	0.666
PE	2.032E-5	0.000	0.016	0.795	0.427
PA	0.132	0.007	0.429	18.427	0.000
CR_10	-0.325	0.105	-0.066	-3.105	0.002
Year2007	-1.282	0.088	-0.488	-14.494	0.000
Year2008	0.157	0.088	0.060	1.798	0.072
Year2009	-0.051	0.086	-0.019	-0.586	0.558
A	0.150	0.257	0.012	0.584	0.559
B	0.377	0.245	0.035	1.541	0.124
C	0.126	0.100	0.052	1.253	0.210
D	0.055	0.143	0.010	0.387	0.698
E	0.201	0.176	0.027	1.139	0.255
F	-0.200	0.153	-0.033	-1.310	0.190
G	0.202	0.134	0.041	1.509	0.131
H	0.008	0.121	0.002	0.067	0.947
J	-0.062	0.133	-0.013	-0.463	0.644
K	-0.299	0.156	-0.046	-1.918	0.055
L	0.227	0.227	0.021	1.000	0.317
my	-0.018	0.056	-0.007	-0.321	0.748
wz	0.153	0.319	0.009	0.480	0.631
jt	-0.133	0.227	-0.012	-0.585	0.558
sh	3.218	0.894	0.070	3.599	0.000
zg	-0.019	0.213	-0.002	-0.091	0.927

第四章 中国上市公司交叉持股的经济绩效的实证研究

本书的实证检验结论与贡峻（2009）的研究结论存在一定的差异。两个实证检验的结果均证实交叉持股比例与公司的市场价值存在显著的相关性，但符号相反。贡峻利用2007～2009年三个年度的数据分析得出交叉持股比例与企业价值在1%的水平上显著正相关。这个差异可能由两方面原因造成的，一方面是因为本书收集的相关数据时间跨度更长，相应包含了更多的证券市场衰退期的经济阶段的数据，因而更多地显示经济衰退时期上市公司交叉持股对公司市场价值产生负面影响的一损俱损的特征；另一方面，也可能是因为对交叉持股比例的度量方式的不同，从不同的侧面考察，分析的角度不同导致得出不同的结论。贡峻（2009）采用的是上市公司与法人之间交叉持股的数量占公司总股本的比重度量交叉持股比例。而本书则采用的是上市公司与其他上市公司之间交叉持股的金额占公司总资产的比重来度量交叉持股比例。

④分析交叉持股比例对公司基本面的影响。为了解交叉持股比例的高低对上市公司的基本面价值的影响程度，依然选择交叉持股的上市公司进行分析，检验交叉持股比例对公司实体价值的影响程度。

H6：上市公司基本面价值与交叉持股比例不存在相关关系。

为检验交叉持股比例与公司实体经营价值的相关性，建立模型如下：

$$ROE1 = \alpha_1 + \alpha_2 jcbl + \alpha_3 \ln SIZE + \alpha_4 LEV + \alpha_5 CTRL + \alpha_6 AT$$
$$+ \alpha_7 PE + \alpha_8 PA + \alpha_9 CR\_10 + \delta IND + \varphi Year + \varepsilon$$

检验结果如表4-21、表4-22和表4-23所示。由表4-21可知，DW统计量值为1.986，基本不存在正的自相关。判定系数为

0.148，调整后的判定系数为0.132，说明方程的拟合效果一般。

表4-21 交叉持股比例与公司价值相关性模型总体指标

模 型	R	判定系数 R^2	调整后的判定系数 R^2	估计值的标准误	D.W.值
1	0.384[①]	0.148	0.132	0.1693690	1.986

注①：同表4-10。

表4-22 交叉持股比例与公司价值相关性的方差分析

模 型	平方和	自由度	均方差	F值	显著性
回 归	7.098	26	0.273	9.517	0.000[①]
残 差	40.935	1427	0.029		
合 计	48.033	1453			

注①：同表4-10。

由表4-22可知，F检验统计量为9.517，其相应的概率为0.000，说明该方程的整体是显著的。

由表4-23的交叉持股比例与公司价值相关性的回归分析结果可知，交叉持股比例与公司实体价值的相关系数为-0.009，t值为0.634，P值为0.526，说明上市公司的交叉持股比例与上市公司的ROE并不显著相关。交叉持股并不能有效地改善上市公司的基本面。交叉持股比例与公司实际价值不存在显著相关关系，说明我国的上市公司的交叉持股主要是短期财务投机行为，而非长期的战略投资行为，这一点可以从我国上市公司持有股票的高换手率得到证实，因此交叉持股并不一定能导致公司实际价值上升。假设H6成立。

表4-23 交叉持股比例与公司价值相关性的相关系数

模 型	非标准化的相关系数 B	标准误	标准化的相关系数 Beta	t值	显著性
（常量）	-0.720	0.098		-7.334	0.000
jcbl	-0.009	0.014	-0.016	-0.634	0.526
lnSIZE	0.039	0.005	0.269	8.580	0.000
LEV	-0.232	0.028	-0.244	-8.334	0.000
AT	0.022	0.007	0.088	3.143	0.002
PE	-1.126E-6	0.000	-0.006	-0.232	0.817
PA	0.010	0.001	0.211	7.213	0.000
CR_10	0.040	0.020	0.054	2.030	0.043
Year2007	-0.026	0.017	-0.066	-1.554	0.120
Year2008	-0.043	0.017	-0.109	-2.599	0.009
Year2009	-0.031	0.016	-0.079	-1.900	0.058
A	-0.015	0.049	-0.008	-0.309	0.757
B	0.041	0.046	0.025	0.875	0.382
C	-0.005	0.019	-0.013	-0.245	0.806
D	-0.025	0.027	-0.031	-0.936	0.349
E	0.058	0.033	0.052	1.748	0.081
F	-0.048	0.029	-0.052	-1.658	0.098
G	0.006	0.025	0.008	0.230	0.818
H	0.058	0.023	0.101	2.542	0.011
J	0.054	0.025	0.073	2.115	0.035
K	-0.005	0.030	-0.005	-0.166	0.868
L	-0.079	0.043	-0.049	-1.833	0.067
my	0.029	0.011	0.073	2.788	0.005

续表

模 型	非标准化的相关系数 B	非标准化的相关系数 标准误	标准化的相关系数 Beta	t 值	显著性
wz	0.008	0.061	0.003	0.127	0.899
jt	0.005	0.043	0.003	0.113	0.910
sh	0.035	0.170	0.005	0.206	0.837
zg	0.038	0.040	0.024	0.940	0.347

（四）稳健性检验

为了保证研究结论的稳健性，以净资产利润率 ROE2 代替 ROE1 作为公司基本面价值的代理变量，分别对交叉持股和交叉持股比例对上市公司的实体经营的基本面价值的影响进行了稳健性测试。其中，ROE1 = 净利润/股东权益期末余额；ROE2 = 净利润/〔（股东权益期末余额 + 股东权益期初余额）/2〕。

对交叉持股对上市公司的实体经营的基本面价值的影响进行的稳健性测试检验结果如表 4 – 24、表 4 – 25、表 4 – 26 所示，结果都与以 ROE1 作为公司基本面价值的代理变量的结论保持一致。

对交叉持股比例对上市公司的实体经营的基本面价值的影响进行的稳健性测试检验结果如表 4 – 27、表 4 – 28、表 4 – 29 所示，结果也与以 ROE1 作为公司基本面价值的代理变量的结论保持一致。

稳健性检验证实了本书的研究结果在一定程度上是可信的。

第四章 中国上市公司交叉持股的经济绩效的实证研究

表4-24 交叉持股对基本面价值影响模型总体效果

模型	R	判定系数 R^2	调整后的判定系数 R^2	估计值的标准误	D.W.值
1	0.133[①]	0.018	0.013	0.4259972	1.994

注①：因变量：ROE2。

表4-25 交叉持股对基本面价值影响模型方差分析

模型	平方和	自由度	均方差	F值	显著性
回 归	17.393	26	0.669	3.686	0.000[①]
残 差	970.884	5350	0.181		
合 计	988.277	5376			

注①：同表4-24。

表4-26 交叉持股对基本面价值影响模型回归系数

模型	非标准化的相关系数 B	标准误	标准化的相关系数 Beta	t值	显著性
（常量）	-0.412	0.118		-3.494	0.000
jc	-0.003	0.014	-0.003	-0.228	0.820
lnSIZE	0.025	0.005	0.075	4.601	0.000
LEV	-0.186	0.034	-0.087	-5.513	0.000
AT	0.048	0.010	0.073	4.919	0.000
PE	2.699E-6	0.000	0.006	0.459	0.646
PA	0.001	0.001	0.020	1.468	0.142
CR_10	3.218E-5	0.000	0.002	0.144	0.886
year2007	-0.011	0.018	-0.011	-0.595	0.552
year2008	-0.036	0.018	-0.037	-2.010	0.044
year2009	0.001	0.017	0.001	0.066	0.947
A	-0.044	0.049	-0.015	-0.911	0.362

续表

模　型	非标准化的相关系数 B	标准误	标准化的相关系数 Beta	t 值	显著性
B	0.038	0.051	0.013	0.752	0.452
C	-0.028	0.031	-0.032	-0.911	0.363
D	-0.012	0.041	-0.006	-0.289	0.773
E	-0.009	0.049	-0.003	-0.179	0.858
F	-0.021	0.042	-0.010	-0.487	0.627
G	-0.019	0.038	-0.011	-0.512	0.608
H	-0.003	0.039	-0.002	-0.072	0.943
J	0.021	0.040	0.010	0.526	0.599
K	-0.024	0.044	-0.010	-0.539	0.590
L	-0.052	0.073	-0.011	-0.718	0.473
my	0.038	0.013	0.043	2.859	0.004
wz	-0.143	0.068	-0.029	-2.100	0.036
jt	0.083	0.053	0.021	1.558	0.119
sh	-0.077	0.096	-0.011	-0.807	0.420
zg	0.034	0.071	0.007	0.476	0.634

表4-27　交叉持股比例对基本面价值影响模型方差分析

模　型	平方和	自由度	均方差	F 值	显著性
回　归	4.359	26	0.168	7.964	0.000[①]
残　差	30.044	1427	0.021		
合　计	34.403	1453			

注①：同表4-24。

第四章 中国上市公司交叉持股的经济绩效的实证研究

表4-28 交叉持股比例对基本面价值影响模型总体效果

模 型	R	判定系数 R^2	调整后的判定系数 R^2	估计值的标准误	D. W. 值
1	0.356[①]	0.127	0.111	0.1450992	2.004

注①：同表4-24。

表4-29 交叉持股比例对基本面价值影响模型回归系数

模　型	非标准化的相关系数 B	标准误	标准化的相关系数 Beta	t 值	显著性
（常量）	-0.562	0.084		-6.683	0.000
jcbl	-0.007	0.012	-0.015	-0.579	0.562
lnSIZE	0.031	0.004	0.252	7.954	0.000
LEV	-0.203	0.024	-0.252	-8.497	0.000
AT	0.015	0.006	0.069	2.443	0.015
PE	-1.250E-6	0.000	-0.008	-0.301	0.764
PA	0.008	0.001	0.207	6.988	0.000
CR_10	0.031	0.017	0.049	1.818	0.069
Year2007	-0.022	0.014	-0.065	-1.509	0.132
Year2008	-0.033	0.014	-0.098	-2.313	0.021
Year2009	-0.024	0.014	-0.073	-1.739	0.082
A	0.001	0.042	0.001	0.035	0.972
B	0.016	0.040	0.011	0.400	0.689
C	0.002	0.016	0.008	0.151	0.880
D	-0.029	0.023	-0.042	-1.268	0.205
E	0.037	0.029	0.039	1.306	0.192
F	-0.044	0.025	-0.057	-1.782	0.075
G	0.020	0.022	0.031	0.903	0.366
H	0.034	0.020	0.069	1.712	0.087

续表

模　型	非标准化的相关系数 B	标准误	标准化的相关系数 Beta	t 值	显著性
J	0.028	0.022	0.045	1.282	0.200
K	0.003	0.025	0.004	0.134	0.893
L	-0.084	0.037	-0.062	-2.288	0.022
my	0.018	0.009	0.052	1.953	0.051
wz	0.001	0.052	0.000	0.013	0.990
jt	-0.011	0.037	-0.007	-0.285	0.776
sh	0.057	0.145	0.010	0.392	0.695
zg	0.038	0.035	0.028	1.101	0.271

（五）结论

实证检验结果显示，上市公司的交叉持股行为与公司的市场价值在5%的置信水平呈显著的正相关关系，说明进行交叉持股的上市公司的市场价值比未进行交叉持股的上市公司的市场价值有显著的提高。交叉持股比例与公司市场价值在1%的水平显著负相关，说明进行交叉持股比例高的上市公司的价值比进行交叉持股比例低的上市公司的市场价值有显著的下降。研究结果证实了我国上市公司交叉持股对企业的市场价值有显著的影响，但并不一定导致企业市场价值的提升，对企业价值的正负面影响与不同经济发展阶段的宏观经济环境具有密切的联系。同时，实证检验结果显示交叉持股行为与交叉持股比例与公司实际价值均不存在显著相关关系，说明交叉持股并不能有效改善上市公司的实体经营基本面，也就意味着我国

第四章　中国上市公司交叉持股的经济绩效的实证研究

的上市公司的交叉持股主要是短期松散型的财务投机行为，而非长期紧密型的战略投资行为，我国上市公司持有股票的高换手率就是短期财务投机行为的佐证，表明财务投机性交叉持股无法导致公司实际价值上升。

经验证据表明，我国上市公司间的交叉持股与日、德等其他国家的交叉持股的特征不同，相应的经济后果也不同。我国上市公司间的交叉持股的财务性投机特征相对更加明显。我国的上市公司的交叉持股的目的大多是为获取虚拟资本的增值带来的投资收益的增加，这说明仅仅是财务性投资而非战略联盟性投资并不能促进企业核心竞争力的提高，因而也不能对实体经济的发展产生有力的推动。

以上实证检验结果可以在一定程度上表明国内大多数上市公司的交叉持股与国际公司的交叉持股不同。从各大跨国公司的交叉持股案例可以看出，国际公司的交叉持股更多是从企业长远发展战略出发，寻求竞争与合作的平衡，发挥协同效应，谋求企业实体经济的发展，而非单纯地追求股价上升带来的投资收益。这些跨国公司之间的交叉持股有的是为了获取原材料供应资源，例如新日铁与淡水河谷的交叉持股；有的是为了拓展市场，例如中国联通与西班牙电信的交叉持股；有的是为了强强联合，形成垄断占领市场；有的是为了联手防止敌意收购；可以说都是以促进企业实体经济的发展为目的进行的资本运作。然而囿于相关数据的获得困难，未能进行交叉持股在参与国际竞争中的经济后果的实证检验，因此交叉持股制度在国际市场上的经济后果研究将是进一步研究的方向。

第五章
研究结论及研究展望

一 研究结论与局限性

（一）主要研究结论

1. 交叉持股制度是一种有生命力的企业制度

现代企业交叉持股制度产生半个多世纪以来，世界各国有很多企业通过交叉持股结成战略联盟，在共同发展的道路上取得了显著的共赢成效。21世纪开始以来很多跨国公司通过交叉持股实现强强联合，在竞争中合作，在合作中竞争，形成了新时代的竞合关系，创造着经济社会发展的新业绩。例如，2001年，可口可乐公司与雀巢公司成立了BPW（Beverage Partner Worldwide）合资公司，双方各占50%的股份。原本是世界饮料市场争夺战之中的两大竞争对手结成了新的战略联盟，实现了品牌、生产资源、产供销渠道的共享，实行了有利于共同发展合作共赢的战略分工。可口可乐公司主要负责产品的生产和分销，雀巢公司主要负责产品规划、设计、研发和品牌支持。新的合资公司BPW陆续扩大了业务范围，占领了越来越大的市场份额。又如，前述雷诺与日产两大集团于 2002 年 3 月共同投资设立雷诺 - 日产有限公司，双方各占 50% 的股权，共同采购，平台共享，相互帮助开发市场，但是两家公司仍然各自经营，互不干涉，依然保持着生产经营上的互相竞争。这种建立在交叉持股基础上的不同于并购重组的新的竞合关系，给双方都带来了新的发展活力。当雷诺 - 日产公司与奔驰公司实行了 3% 的交叉持股之后，这种竞合关系又有了进一步的加强，各自发展的步伐更加稳健而迅捷。2011 年 7 月，雷诺 - 日产与戴姆勒集团三家结盟，各自交叉持有对方 3.1% 的股份，产销量达到 700 万辆，在汽车制造行业中由全球第五大制造集团跃升为全球第三大制造集团，直追大众 - 铃木和丰田两大公司。① 这三大集团在交叉持股后成立合作委员会，共同协调战略关系，联合开发新型汽车，真正实现了由竞争对手变成合作伙伴。仅从以上事实就可以看出，交叉持股制度依然是一种很有生命力的企业经济制度。如果使用得当，它必定可以创造出惊人的经济奇迹。

2. 交叉持股制度实施中注意度的把握以协调其正负面效应

交叉持股制度发展的历史表明，这种制度具有明显的"双刃剑"效应。如前所述，20 世纪五六十年代，日本企业集团利用交叉持股制度有效地抵御了外资收购，保护了日本民族经济，促进了日本经济高速发展，但是，七八十年代催生了日本的经济泡沫，90 年代在日本经济泡沫破灭过程中助生了不容否认的多米诺骨牌效应。研究表明，上市公司之间实行交叉持股的经济后果表现为，在牛市期间公司的市场收益与交叉持股有正相关表现，而在熊市期间公司市场

---

① 《雷诺 - 日产结盟戴姆勒与比亚迪无关?》，《商周刊》2010 年第 8 期。

收益与交叉持股有负相关表现。然而，根据对日本近20来年努力走出经济低迷所采取的经济措施及其实绩的考察，不难发现，日本实行交叉持股的企业，在应对20世纪末发生的亚洲金融风暴和21世纪连续发生的世界金融危机方面，还是取得了骄人的业绩。其间交叉持股不但没有发生实质性的萎缩和解体，而且还有了进一步的发展。特别是通过交叉持股向海外发展联合企业和企业联盟，扩大同其他国家（包括韩国、新加坡、中国、德国、法国、美国、澳大利亚、拉丁美洲国家、非洲国家等）的企业交叉持股的范围和规模，使日本的海外企业生产和对外贸易活动产生了巨大的经济效益，并且反哺了国内经济，使国内经济保持了比较平稳的发展态势，保障了日本民众的经济生活一直处于较高的水平。这些事实说明交叉持股虽然具有双面效应，但是只要制度安排适当就可以获得更多的正面效益。

3. 合理规制交叉持股使之有益于经济发展和社会福利提高

如何规制交叉持股是使交叉持股充分发挥正面效应尽量减少负面影响的关键。企业之间采取何种交叉持股形式？交叉持股的份额是否均等？股权比例多大比较合适？都要根据经济发展的形势、相关企业的经济实力与利益追求进行反复谈判才能确定，而且随着经济形势的发展变化，着眼于企业的长远利益及时进行调整。前述关于雷诺－日产与戴姆勒三大集团交叉持股的实例就具有一定的启发意义。另外，2011年8月马来西亚航空公司与亚洲航空公司实行交叉持股的事实，对人们也会有新的启发。马航和亚航是马来西亚最大的两家航空公司，它们签约交叉持股之后，马航最大的股东——国有的投资公司国库控股获得亚航10%的股份，而亚航的主要股东——Tune 航空公司获得马航 20.5% 的股份。马航与亚航各自专注于自身的商务领域发展,同时在多个领域中进行合作,从而有利于实现整体利益的最大化。企业之间通过交叉持股实现新的竞合关系从而有利于社会整体福利的提高,已然是个不争的事实。

(二) 启示与建议

交叉持股制度作为一种具有强大生命力的企业制度,适时适地适度运用能有利于社会整体经济的发展。据此笔者就我国企业经济发展提出了如下粗浅设想和建议。

1. 通过交叉持股合理安排产业结构以推进全国综合开发

中国幅员辽阔,区域经济发展很不平衡。为了实行全国综合开发政策,沿海地区企业向内地发展,东部、南部企业向中部、西部发展,不妨在跨地区的国有企业与民营企业之间、民营企业与民营企业之间适度采用法人参股或交叉持股的制度安排,积极而稳健地组建大型企业集团、大型联合企业或企业联盟,逐步探索企业制度创新的道路,改变产业结构,提高企业生产效率,促进中、西部经济发展,以收全国综合开发之效。

2. 通过交叉持股组建跨国企业发展对外投资和对外贸易

寻求战略伙伴,广结战略联盟,是现代跨国企业实现整体发展目标的重要途径。跨国企业的发展不能只依靠自身的原动力量,而应该学会适当地向外借力以壮大自己的实力。跨国企业在全球范围内采购、生产、销售从而实现规模经济的整体发展战略需要在集中统一与本地化之间寻求平衡。因为重组、兼并、收购往往需要较大的经济实力,而且常常会遇到许多非经济因素的阻力,以致并购重组的成本往往很高,相比之下交叉持股应该是一种很有优势的选择。我国发展跨国企业,既可以通过交叉持股途径整合国内企业,也可以运用交叉持股方式同外国企业联合。

走出国门,对外投资,对外贸易,尤其应该重视运用交叉持股方式。无论是国有企业、民营企业或者混合所有制企业,只要想走出国门参与国际竞争,就必须具有相当大的规模,就应当有相当雄厚的资本、技术、人才、管理等方面的实力。而较大的规模和实力的获得,要靠自己滚雪球其速度会很慢,时间会拉得很长,然而通过交叉持股实行强强联合,应该是一条有效有利的捷径。

3. 通过交叉持股推进国有企业改制

中国国有企业改制的重点是建立公司制股份制,国有企业之间、国有企业与民营企业之间、中央企业与地方企业之间都可以实行法人参股和交叉持股的制度,以改善企业的股权资本结构,拓宽企业的投融资渠道,改善企业的经营管理方式,实行现代化的公司治理,从而创造更大的经济效益。

4. 通过交叉持股促进民营企业升级换代

中国的民营企业多是中小型企业,即便是号称大型的民营企业,与国际上的很多大公司相比其规模也还是比较小的。我国民营企业要想做强做大,实行产业结构转型,寻求新的发展道路,首先是投融资问题,其次是公司治理结构问题。这两个根本问题的解决,最佳的方案当然是重组、兼并、收购,然而在重组兼并收购不便于实行的阶段,交叉持股应该是一种比较好的选择。民营企业之间可以交叉持股,民营企业与国有企业之间也可以交叉持股。交叉持股可以说是民营企业"借东风"制胜的一个重要的手段。

5. 通过交叉持股实行产融结合或产融一体化

经济全球化过程中的跨国大公司的发展，往往要走产业资本和金融资本紧密结合的道路。据统计，世界企业500强之中，80%的企业是实现了产融结合的（赵文广，2004）。走产融结合甚至是产融一体化的道路，应该成为我国大型企业向外扩张参与国际市场竞争的取胜策略之一。而要实现产融结合或产融一体化，在工商企业与金融机构之间实行交叉持股应该是一种比较容易实施的方法和途径。如果产融结合、产融一体化发生在跨国界、跨地区的情况之下，交叉持股制度实施的优势便会更为显著。

6. 建立健全交叉持股制度的法规

我国交叉持股制度建立实施的时间不长，虽然取得了一定的成效，但是还远未使交叉持股制度的制度创新效应充分发挥出来。为了使交叉持股制度在我国企业经济发展中发挥更大的作用，有必要制定更切合实际需要的法律法规，进一步规范交叉持股的实施办法。特别是相关的实施细则往往会决定企业交叉持股的成败。国家的、地方的、企业的法律、法规、制度的制定应该有所分工，特别应该鼓励企业之间的创造性合约的建立。企业之间的具体合作方式应该有更大的自由空间，政府应该放手让企业去协商制定。政府应该制定原则性的政策加强方向性的引导而无须做过多的干预。企业之间的竞合关系的处理应该着眼于经济社会长远发展的目标，而不应该只顾短期的眼前的利益。例如，如何抑制投机性的资本运作，保护国家的、民众的、广大投资者的和企业自身的长远整体利益；如何规范交叉持股企业之间的会计处理原则和具体办法，以便有效地规避财务风险，防范或降低个别企业的财务危机的传导效应和负面影响；交叉持股企业如何规范牛市、熊市中交互持有份额的增减原则，特别是如何建立在熊市中坚持、坚守、互保、互援、互救的原则和机制；如何共同应对股市萧条、协力战胜金融危机以寻求共同发展的新路；如何通过交叉持股实现有利于生产性企业获得发展资金等。这一切都是对企业家、政治家、经济学家的智慧和胆识的挑战。

总而言之，交叉持股这种具有强大生命力的企业制度安排，在现代经济社会的企业经济发展中具有不可轻视的积极作用，如果我们适度地利用它，就会产生巨大的经济效益和社会效益。

（三）本书研究的局限性

本书仅对我国上市公司国内交叉持股问题进行实证检验，尚未涉及我国企业参与国际企业间交叉持股的实证研究，也未涉及世界各国跨国公司间的交叉持股实证检验，研究范围和深度的局限性有待进一步突破。

本书研究了我国上市公司交叉持股的经济效益问题，而对我国非上市公司的交叉持股问题未做研究，主要是因为受到数据来源的限制，研究范围具有局限性。

囿于对跨国公司交叉持股资料的掌握，本书对经济全球化形势下交叉持股制度可能发挥的双面效应研究，未能列举足够的实例对之进行更深入的探讨。

突破以上研究的局限性，恰是今后研究的努力方向。本书的研究将为将来的进一步研究奠定一个基础。

二 未来研究展望

未来的经济社会有无限多的发展可能性。未来的新技术、新知识、新市场、新经济会不断地被创造出来,而且这一切创新都需要有制度创新作保障。因为制度创新有其路径依赖,现存制度有其惯性,加之制度创新的成本很高,相比之下从已有制度中做出选择加以改进可以节约成本。故而可以预料,在经济全球化背景下选择交叉持股的企业可能会越来越多。不过,社会条件总在变化,随之而来的新问题也会不断产生。

(一) 交叉持股制度的发展展望

1. 交叉持股制度继续促进竞争与合作

未来的时代是一个竞合时代,交叉持股仍然大有用武之地。随着新技术和新制度的不断产生,未来社会的经济结构会发生变化。发展过程中的不确定性因素可能会有很多,但是有一点可以预料,那就是未来的时代是一个竞合的时代,企业之间的竞争会越来越激烈,合作也会越来越普遍。竞争与合作同时并存,而且竞争越是激烈,合作的重要性和需要性越是突出。未来的竞争可能不再是你死我活、鱼死网破的态势,合作的趋势可能会包含着更多的互相帮助、互相扶持、互相保护的因素,企业之间的沟通信息、交流技术、互通有无、共享资源、分担风险、合作双赢的愿望会更强烈。竞争中会有合作,合作中也会有竞争。在这种新的竞合关系格局之下,交叉持股会有更多的用武之地。各国企业通过交叉持股组建更多的企业集团和企业集团联盟以及范围广阔的企业间网络，从而缓解激烈的竞争，甚至化竞争为合作，促合作为竞赛，使原本独立生产、分散经营、各自管理、独力竞争的状态有可能转化为集中指挥、统一协调的关系，彼此竞相积极创新企业服务于社会的模式，从而提高企业生产效率，创造更多的社会福利。

2. 交叉持股制度继续发挥协调整合的作用

未来经济社会企业所有权多元化状态，仍然需要交叉持股制度发挥组织、协调、整合、促进的作用。分析经济全球化的进程和前途，预测经济社会未来发展的可能性，我们认为，世界各国、各地区，特别是发展中国家和地区，关乎社会民生的产业的民营化企业会越来越多，其私有化程度可能越来越高，市场竞争会越来越激烈，企业之间的合作愿望也可能越来越强烈。而与国家安全、世界和平、人类基本生活保障关系最为密切的重要产业，可能更多地集中于政府掌控之下。这类企业的集中性可能越来越强，其产权的国有化、公有化的程度有可能越来越高。据此推论，未来的经济社会仍然是企业所有权多元化的经济社会。在投资者各有其利益诉求的情况之下，不同所有制企业之间、相同所有制企业之间、同一国家地区的企业之间、不同国家地区的企业之间都会有更多的竞争与合作。与此种新的竞合大趋势相应，则比较有利于实现竞合关系顺利发展的交叉持股制度可能成为一种比较好的企业制度选择，交叉持股在企业所有权多元化、投资者分散化形势下，可能发挥更大的组织、协调、整合、促进的作用。

3. 交叉持股制度是一种有效的国际合作方式

在未来经济社会的产业结构变化、经济发展转型过程中，交叉

第五章　研究结论及研究展望

持股制度仍然是可供选择的一种有效的国际合作方式。未来经济社会经济转型的大趋势越来越明朗,信息社会、知识社会、学习型社会随着信息技术发展已经成了现实。未来的生态治理、技术创新、制度创新、学习创新等都需要更多的国家和跨国大企业相互合作。跨国界、跨海域的大企业的合作方式可以有多种选择和创新,而交叉持股制度应该是一种比较现成的有效的方法。交叉持股方式有利于跨国界、跨海域的企业绕过政治的、法律的、文化的、意识形态的、地方保护主义的障碍而实现广泛的战略联盟,这已经是不争的事实。

在经济全球化形势下防范和战胜金融危机,需要交叉持股制度更好地发挥其制度创新的正面效应。在经济全球化发展的过程中,不同国家的市场联系日益加强,资金的国际流动性越来越大,世界各大经济体的命运越来越紧密地联系在一起。从20世纪90年代到21世纪最初10年,接连发生了几场国际金融危机,直至目前,2008年发生的世界金融危机以及2011年发生的欧债危机和美国主债危机尚在蔓延,世界经济衰退现象何时见底,现在还很难预料。金融危机直接威胁着实体经济的发展,世界经济一片萧条景象。从最近十几年来金融危机的产生与蔓延的过程来看,任何一个国家或地区的经济体都不可能独立于世界经济大环境之外独自去寻求发展。现在和今后,金融危机不可能只限定在一个国家或者一个地区之内而不向邻国、邻地区扩展。世界各国经济联系非常紧密,以至只要有一点星星之火,就可能引发全球性灾难。因此,要想战胜金融危机需要各国、各地区的所有经济体通力合作,共同寻求战胜危机走出困境的办法。根据日、德和其他国家以往抗拒金融危机的经验,广泛实行企业交叉持股，组建跨行业、跨国界、跨地域的巨型企业联盟和企业网络，不失为一种比较便捷、有效的手段。交叉持股企业不出售交叉持股对象的股权和股票，给联盟伙伴以切实有力的支持，坚持以企业的发展战胜所面临的经济困难。

4. 交叉持股成为企业边界扩张的温和手段

在经济全球化形势下的交叉持股制度的实施，与此前的半个世纪以来的实施具有很多不同的特点，不仅有行业、地域、范围和规模的变化，而且有目的用意的不同。如果说交叉持股最初产生的原因主要是为了抵御外资恶意收购，那么现在的交叉持股倒可能成为实施全球贸易、投资扩张、海外并购重组的一个诱导性途径，也可能成为企业边界扩张的前奏性手段或基础性铺垫。随着互联网技术和制度的发展，实体经济企业与其服务对象（包括其上下游企业和消费者）之间的无边界企业会越来越多，虚拟企业（即隐性企业）可能不断出现。如果在实体企业与虚拟企业之间、虚拟企业与虚拟企业之间也会出现交叉持股现象，那么世界上就会出现更多的跨国界、跨地域的在经济上紧密联系的大大小小的联合企业，经济全球化的形势必然会出现新的局面。

（二）交叉持股制度研究展望

在上述关于未来经济社会更需要交叉持股制度的预测的基础上，进行关于交叉持股制度理论研究的展望，会使人充满信心并激起理论研究的兴趣。在新的环境条件下实施交叉持股制度，必然会有很多需要而且值得深入研究的问题。完全可以预料，有些被研究过的问题还需要进一步深入研究，有些新出现的问题更需要认真仔细探讨。其间会有学术界没有来得及深入研究的问题，更有学术界尚未研究过的问题。未来的交叉持股制度研究，有拓宽研究领域、探寻研究新路的激励，更有创新研究内容、填补研究空白的诱惑。有志于对交叉持股制度进行研究的学者和企业家依然大有用武之地。

1. 金融企业之间的交叉持股研究

随着世界范围内的资金流动性增加，金融企业之间的交叉持股可能会有新的发展。例如，银行与银行之间、银行与保险公司之间、银行与基金公司之间、保险公司与基金公司之间、基金公司与基金公司之间的交叉持股可能越来越普遍。金融企业之间的交叉持股可能会引发更多的金融投机，可能催生更多的虚拟经济泡沫，虚拟经济泡沫破灭可能导致更大的金融危机发生，因此如何规避金融危机也是交叉持股研究的一个重要课题。我国财政部在2009年发布的《金融控股公司财务管理的若干规定》中指出金融控股公司间应该减少交叉持股。但是，在看到金融企业之间交叉持股可能产生的弊病的同时，我们也应该看到金融企业之间交叉持股的优势。例如可以缓解资本缺血的现象，有利于银行之间、银行与保险公司之间、保险公司与基金公司之间、基金公司与基金公司之间的资本互相支持、救助，从而提高抗拒金融风险、战胜金融危机的能力。究竟如何安排交叉持股才可能达到这个目的，还有许多具体问题需要研究。合作的愿望非常重要，合作的制度尤为重要。

2. 交叉持股制度下的企业服务模式创新理论研究

从宏观的视点看经济，整个经济活动的内容无非是生产和分配两件大事。生产过程从投入到产出复杂而具体，分配服务过程从销售到消费更为细致而严肃。整个经济活动就是为人的消费而生产，为消费而分配,为满足消费需求提供全方位、全过程的服务。从这个角度说,以人类经济活动为研究对象的经济学,就是人类消费服务学。这是一个大消费概念,也是一个大服务概念。海尔布罗纳(2007)认为,确保经济持续性有两大基本任务:组织一个系统,确保生产出生存所需的商品和服务;安排社会生产成果的分配,以便进行更多的生产活动。① 生产的基本问题是设计调动人的能量于生产途径的社会制度,确保人力资源的有效配置。分配的基本问题是生产要素所有者如何获得应得的报酬,以及社会组织(主要是政府)如何安排与实施社会保障制度。随着经济社会的发展,企业服务观念的创新与服务手段的创新显得越来越重要。例如,未来的政府可能不会对企业有更多的干预,但是可能会对企业予以更多的指导和支持。在这种情况下,企业如何履行对社会服务的责任,就有了主动发挥作用的更大的空间。现代经济社会的社会组织结构,企业化的趋向越来越明显。企业服务于社会的途径与手段越来越多,而且主要是通过企业网络服务来实现的。未来的经济社会很可能在很长的历史阶段是一个企业网络化的社会。人类的社会生活的方方面面都可能会处于企业服务网络的组织、协调、服务、影响之中。各种各样企业服务网络如联合生产服务网络、科学技术服务网络、信息服务网络、物流服务网络、交通服务网络、旅游服务网络、教育服务网络、体育卫生服务网络、文化艺术服务网络等都会建立起来。这一切网络服务活动的实施过程都是充满艰难工作的过程,需要不

---

① 〔美〕海尔布罗纳、〔美〕米尔博格:《经济社会的起源》,李陈华、许敏兰译,上海人民出版社,2010,第4页。

同国家、不同地区、不同行业的不同企业协同工作、协调步伐。可以预料，交叉持股可能是一种比较便捷有效的手段，因而可能有许多新的问题需要认真研究。

3. 交叉持股制度的双面效应研究

交叉持股的双面效应始终是企业家和经济学家应该深入研究和切实把握的问题。实践证明，交叉持股可以导致经济效益提升，但是随着巨型企业的增多，企业之间的竞争会越来越激烈。加剧的竞争会导致产品价格和销量下降，会给生产性、销售性企业带来更大的经营风险，也可能降低行业的经济安全性，甚至可能影响整个社会经济的安全。显然，激烈竞争在给消费者带来物美价廉的商品的同时，也可能给企业带来灾难性的后果——破产倒闭。企业为了避免毁灭性竞争，可以通过扩大交叉持股的范围和规模，实现纵向一体化或横向一体化，或者建立企业间网络，加强企业间的深度合作，彼此分享资本联合的利润，从而限制或削减恶性竞争，降低企业的经济风险，但是，巨型企业的联合又可能出现某种串谋，形成某种行业垄断，从而可能降低生产效率，影响社会福利。这一切相互矛盾的问题应该通过建立什么样的制度逐步解决，尚需进行全面深入的研究。

4. 交叉持股企业网络治理的研究

交叉持股制度下的企业治理理论发展，在很大程度上属于企业网络治理理论的范围。交叉持股企业网络治理涉及的很多问题，理论界尚未进行深入研究。例如，关于通过交叉持股形成的纵向一体化治理结构与横向一体化治理结构的异同比较和相互协调的问题，关于企业集团内部的治理结构与企业集团之间的网络治理结构的异同比较和相互协调的问题，关于未来竞争性市场网络内在机制如何发挥更大作用的问题，关于未来企业网络应该进行什么样的制度创新才能使新的竞合关系持续而和谐地发展的问题，关于交叉持股制度下的企业网络文化建设的特殊性问题，关于交叉持股企业网络如何有效维护的问题，关于如何绕过政治的、法律的、文化的、意识形态的障碍而实现交叉持股的问题等，都有待进一步深入研究。特别是随着网络技术和网络制度的发展出现大量的虚拟企业（或隐性企业），而且这些虚拟企业之间以及虚拟企业与实体企业之间广泛实行交叉持股之后，许多跨国界、跨地域的联合企业因之而形成，必然会有许多经济制度、管理制度和管理方法问题需要深入研究、及时解决。

综上所述，以交叉持股作为企业扩张边界的重要手段建立企业与市场的中间组织网络，在实践中始终有很多值得深入探索的问题。介于企业和市场之间的交叉持股企业网络，向前发展可能产生巨型企业，创造规模经济，向后倒退可能使企业网络解体，企业间竞争加剧，企业生生死死前途莫测，但也有可能创造更多的社会福利。经济社会总是波浪式发展的。在某个阶段，巨型的联合企业的数量可能会越来越多，规模也可能会越来越大，但是从长远来看数量不可能无限增多，而且随着兼并收购的进展，在某个时期巨型企业的数量会逐渐减少。不过由于大中小企业及其竞合关系可能长期并存，实体企业与虚拟企业也可能长期并存，那么通过交叉持股而形成的企业网络可能越来越多，范围也可能越来越广，情况可能越来越复杂，新问题会越来越多，例如跨国界、跨地域发展而形成超越国家政府规模的企业组织机构很可能出现。在那种情况下的公司治理结构必然会有不同于以往独立竞争企业的许多特点。经济学无论是作为预测经济活动的理论，还是作为解释经济活动的理论，都应该回答现实所提出的一切经济问题。虽然经济学理论不能穷尽真理，而且不一定都是真理，甚至也可能都不是真理，但是努力探索人类经济活动的真谛、发现经济社会发展的规律、解决经济发展所提出的现实问题肯定是经济学研究的永恒主题。

人类经济活动永无止境。经济学发展永无止境。真理探索永无止境。

关于交叉持股制度的研究具有长远性的意义，其研究的成果明天会更加辉煌。

参考文献

[1] 道格拉斯·C. 诺斯：《制度、制度变迁与经济绩效》，上海三联书店，1994。

[2] 道格拉斯·C. 诺斯、张五常：《制度变革的经验研究》，经济科学出版社，2003。

[3] 张维迎：《产权、激励与公司治理》，经济科学出版社，2005。

[4] 杨瑞龙：《企业理论：现代观点》，中国人民大学出版社，2005。

[5] 菲吕博顿、鲁道夫瑞切特：《新制度经济学》，上海财经大学出版社，2002。

[6] 高柏：《经济意识形态与日本产业政策1931～1965年的发展主义》，上海人民出版社，2008。

[7] 高柏：《日本经济的悖论——繁荣与停滞的制度性根源》，商务印书馆，2004。

[8] 冈崎哲二：《经济史上的教训》，新华出版社，2004。

[9] 张德明：《东亚经济中的美日关系研究（1945～2000）》，人民出版社，2003。

[10] 米尔顿·意兹拉提：《日本巨变：从日本经济文化变革到全球势力的重分配》，台北远流出版公司，2001。

[11] 加藤弘之、丁红卫：《日本经济新论：日中比较的视点》，中国市场出版社，2008。

[12] 奥村宏：《日本六大企业集团》，辽宁人民出版社，1981。

[13] 高煜：《企业交叉持股：内生性、效率、管制》，中国经济出版社，2006。

[14] 安忠荣：《现代东亚经济论》，北京大学出版社，2004。

[15] 希克斯：《经济史理论》，商务印书馆，1987。

[16] 朱明：《日本经济的盛衰》，中国科学技术大学出版社，2004。

[17] 柯荣浦：《企业集团管理体制研究》，中国经济出版社，2004。

[18] 赵文广：《企业集团产融结合——理论与实践》，经济管理出版社，2004。

[19] 海尔布罗纳、米尔博格：《经济社会的起源》，上海人民出版社，2010。

[20] 汪丁丁：《制度创新的一般理论》，《经济研究》1992年第5期。

[21] 杨其静：《合同与企业理论前沿综述》，《经济研究》2002年第1期。

[22] 孔洁珉：《交叉持股下的非理性繁荣》，《首席财务官》2007年第8期。

[23] 李青原、刘志成：《公司交叉持股的战略动因研究》，《证券市场导报》2010年第1期。

[24] 白默、刘志远：《公司交叉持股的经济后果分析——基于创业板受益公司股价飙升的思考》，《财会通讯》2010年第6期。

[25] 曲阳：《交叉持股的法经济学分析——以代理成本和法律规制为线索》，《证券市场导报》2009年第3期。

[26] 苏剑：《论日本企业交叉持股的经验与教训》，《证券市场导报》2010年第6期。

[27] 万晓文、李明望、王秀：《基于财务视角的投资者关系管理研究评述与启示》，《会计研究》2010年第9期。

[28] 韦倩：《纳入公平偏好的经济学研究：理论与实证》，《经济研究》2010 年第 9 期。

[29] 杨棉之：《内部资本市场、公司绩效与控制权私有收益》，《会计研究》2006 年第 10 期。

[30] 贾明、张喆、万迪昉：《股改方案、代理成本与大股东解禁股出售》，《管理世界》2009 年第 9 期。

[31] 吴昊：《日本大企业的股权结构及其经济影响》，《东北亚论坛》1999 年第 1 期。

[32] 孙晓玲：《交叉持股下合并财务报表的交互分配法与库藏股法》，《财会月刊》，2010 年第 3 戌。

[33] 秦俊、唐鹏程：《上市公司交叉持股对其主营业务盈利能力的影响——以我国 A 股通信行业为例》，《统计与决策》2009 年第 8 期。

[34] 郭雳：《交叉持股现象的分析框架与规范思路》，《北京大学学报（哲学社会科学版）》2009 年第 7 期。

[35] 蒋学跃、向静：《交叉持股的法律规制路径选择与制度设计》，《证券市场导报》2009 年第 3 期。

[36] 李进、马军海：《交叉持股行为的复杂性研究》，《北京理工大学学报（社会科学版）》2009 年第 8 期。

[37] 陈文成：《金融控股公司与附属金融机构交叉持股问题研究》，《上海金融》2010 年第 4 期。

[38] 储一昀：《交叉持股问题的文献综述即研究展望》，《上海立信会计学院学报》2007 年第 11 期。

[39] 储一昀、王志伟：《我国第一起交互持股案例引发的思考》，《管理世界》2001 年第 5 期。

[40] 金晓斌、陈代云、路颖、联蒙珂：《公司特质、市场激励与上市公司

多元化经营》，《经济研究》2002 年第 9 期。

[41] 高煜：《日本相互持股的近期演变——原因、效应及对我国的启示》，《现代日本经济》2005 年第 5 期。

[42] 王妍玲：《公司间交叉持股相关问题探析》，《经济论坛》2007 年第 3 期。

[43] 林华：《上市公司与券商相互持股问题的实证研究——来自中国沪市 A 股的经验证据》，《上海经济研究》2006 年第 10 期。

[44] 彭艳梅：《相互持股对上市公司盈利影响分析》，《财会通讯》2010 年第 9 期。

[45] 谷峰：《企业法人交叉持股初探》，《商业研究》2005 年第 14 期。

[46] 陈志昂、李振：《论交叉持股对德国公司治理的影响》，《科技进步与对策》2003 年第 8 期。

[47] 贡峻：《交叉持股对企业价值影响的实证研究——基于 A 股市场 2007~2009 年的经验数据》，《中国会计学会第八届全国会计信息化年会论文集》2009 年第 5 期。

[48] Bae K. H. and J. B. Kim, "The Usefulness of Earnings and Book Value for Predicting Stock Returns and Cross Corporate Ownership in Japan", *Japan and the World Economy*, 1998, (10): 1-19.

[49] Cheung, Steven N. S., "The Contractual Nature of theFirm", *Journal of Law and Economics*, 1983, 26 (1): 1-21.

[50] Claessens S., Djankov S., Joseph P. H. Fan, and Larry H. P. Lang, "Disentangling the Incentive and Entrenchment Effects of Large Shareholdings", *The Journal of Finance*, 2002, December, 57 (6): 2741-2771.

[51] David Flath, Horizontal Shareholding Interlocks, "Managerial and Decision Economics," 1992, Vol. 13: 75-77.

[52] David Flath, "The Keiretsu Puzzle", *Journal of the Japanese and International Economies*, 1996, 6, 10 (2): 101 – 121.

[53] David Flath, "When is it rational for firms to acquire silent interests in rivals?", *International Journal of Industrial Organization* 1991, (9): 573 – 583.

[54] Douthett E., K. Jung, "Japanese Corporate Groupings (Keiretsu) and the In formativeness of Earnings", *Journal of International Financial Management and Accounting*, 2001, 12 (2): 133 – 159.

[55] Farrell J., Shapiro C., "Asset ownership and market structure in oligopoly", *Rand Journal of Economics*, 1990, (21): 275 – 292.

[56] Francesco Tdvieri, "Does cross – ownership affect competition?: Evidence from the Italian banking industry", *Journal of International Financial Markets, Institutions and Money*, 2007, (17): 79 – 101.

[57] Fumiaki Kuroki, The Present Status of Unwinding of Cross – Shareholding—The Fiscal 2000 Survey of Cross – Shareholding, Financial Research Group, "NLI RESEARCH" NLI Research Institute 2001, No. 157.

[58] Grossman Sanford J. and Oliver D. Hart, "The Costs and Benefits of Ownership: A Theory of Vertical and Lateral Integration", *Journal of Political Economy*, 1986, 8, 94 (4): 961 – 719.

[59] Hiroshi Osano, "Intercorporate Shareholdings and Corporate Control in the Japanese Firm", *Journal of Banking & Finance*, 1996, 20: 1047 – 1068.

[60] Jacobson R., D. Aaker, "Myopic Management Behavior with Efficient, but Imperfect Financial Markets: A Comparison of Information Asymmetries in the US and Japan", *Journal of Accounting and Economics*, 1993, (16): 383 – 405.

［61］James S. Ang Richard Constand,"The Portfolio Behavior of Japanese Corporations' Stable Shareholders", *Journal of Multinational Financial Management*, 2002, 12（2）: 89 - 106.

［62］Jensen, M. C. and W. Meckling,"Theory of the Firm: Managerial Behavior, Agency Costs and Ownership Structure", *Journal of Financial Economics*, 1976, 10, 3（4）: 305 - 360.

［63］Kaplan S. N., B. A. Minton,"Appointment of outsiders to Japanese Boards: Determinants and Implications for Managers", *Journal of Financial Economics*, 1994,（36）: 225 - 258.

［64］Kiyoshi Kato,"Uri Loewenstein, Wenyuh Tsay, Voluntary Dividend Announcements in Japan", *Pacific-Basin Finance Journal*, 1997, 5: 167 - 193.

［65］Kuroki F., The Present Status of Unwinding of Cross - shareholding: The Fiscal 2000 survey of Cross - shareholding, NLI Research Paper No. 157, NLI research Institute, 2001.

［66］Kruse J. B., Elliott S. R., Godby, R.,"An experimental examination of vertical integration and cost predation", *International Journal of Industrial Organization*, 2003,（21）: 253 - 281.

［67］La Porta, Rafael Florencio Lopez - de - Silanes,"Andrei Shleifer, et al. Vishny, Investor Protection and Corporate Valuation", *Journal of Finance*, 2002, 57（3）: 1147 - 1170.

［68］La Porta, R. and F. Lopez - de - Silanes,"Law and Finance", *Journal of Political Economy*, 1998, 106（6）: 1113.

［69］Leibenstein, Harvey,"Entrepreneurship, entrepreneurial training, and x - efficiency theory", *Journal of Economic Behavior & Organization*, 1987,

June, 8（2）: 191 - 205.

[70] Li Jiang and Jeong - Bon Kim, Cross - Corporate Ownership, "Information Asymmetry and the Usefulness of Accounting Performance Measures in Japan", *The International Journal of Accounting*, 2000, 35（1）: 85 - 98.

[71] M. J. Clayton, B. N. Jorgensen, "Optimal Cross Holding with Externalities and Strategic Interactions", *Journal of Business*, 2005, 78（4）: 231 - 239.

[72] Michael Jensen and William Meckling, "Rights and Production Functions: An Application to Labor - managed Firms and Codetermination", *Journal of Business*, Oct, 1979, 52（4）: 469 - 506.

[73] Michael C. Jensen, William H. Meckling, "A Theory of the Firm: Governance, Residual Claims and Organizational Forms", *Journal of Financial Economics*, 1976, 3（4）: 305 - 360.

[74] Miyajima Hideaki, The Unwinding of Cross - shareholding: Causes, Effects, and Implications, RIETI Discussion Paper Series 05 - E - 006, 2005, May.

[75] Nobuyuki, Isagawa. Unwinding of Cross Shareholding under Managerial Entrenchment, WorkingPaper, 2002.

[76] Nobuyuki Isagawa, "A Theory Of Unwinding Of Cross - Shareholding Under Managerial Entrenchment", *Journal of Financial Research*, 2007, 30（2）: 163 - 179.

[77] Sheard P, Interlocking shareholdings and corporate governance, In M. Aoki and R. Dore eds, *The Japanese Firm: The Sources of Competitive Strength*, London: Oxford University Press, 1994: 261 - 290.

[78] Shleifer, A. and R. Vishny, "A Survey of Corporate Governance", *Jour-

nal of Finance, 1997, 6, 52 (2): 737 – 783.

[79] Sten Nyberg, "Reciprocal shareholding and takeover deterrence", International Journal of Industrial Organization, 1995, 13: 355 – 327.

[80] Stijn Claessens, Simeon Djankov, Joseph P. H. Fan, and Larry H. P. Lang, "Disentangling the Incentive and Entrenchment Effects of Large Shareholdings", The Journal of Finance, December, 2002, 57 (6): 2741 – 2771.

[81] Takao Sase, The Irresponsible Japanese Top Management Under the Cross – Shareholding Arrangement, Occasional Paper No. 50, Occasional Paper, Occasional Paper Series, Center on Japanese Economy and Business, Columbia Business School, 2003 January.

[82] Takeo Hoshi, Anil Kashyap, David Scharfstein, Corporate Structure, Liquidity, and Investment, "Evidence from Japanese Industrial Groups", The Quarterly Journal of Economics, 1991, Feb., Vol. 106, No. 1: 33 – 60.

[83] Ugo Merlone, "Cartelizing Effects of Horizontal Shareholding Interlocks", Managerial and Decision Economics, 2001, Sep., Vol. 22, No. 6: 333 – 337.

[84] Ulrike Schaede, The Strategic Logic of Japanese Keiretsu, Main Banks and Cross – Shareholdings, Revisited, Working Paper No. 247, Working Paper Series, Center on Japanese Economy and Business Columbia Business School, 2006, October.

[85] Weinstein, David E. and Yafeh Yishay, "On the Costs of a Bank – Centered Financial System: Evidence from the Changing Main Bank Relations in Japan", Journal of Finance, 1998, 53 (2): 635 – 672.

[86] Werner Güth, Nikos Nikiforakis, Hans – Theo Normann, "Vertical cross – shareholding: Theory and Experimental Evidence", International

Journal of Industrial Organization, 2007, 25 (1): 69 – 89.

[87] Yasuhiro ARIKAWA, Atsushi KATO, Cross Shareholding and Initiative Effects, RIETI Discussion Paper Series 04 – E – 017.

[88] Yafeh Y. and O. Yosha, "Large Shareholder and Banks: Who Monitors and How?", *The Economic Journal*, 2003, Jan., 113 (484): 128 – 146.

[89] Yafeh Y., "Corporate Governance in Japan: Past Performance and Future Prospects", *Oxford Review of Economic Policy*, 2000, 16 (2): 74 – 84.

后 记

在本书打上最后一个句号的时候,我的心里涌动着无限感激之情。

感谢我的导师余玉苗教授。余老师的人品和学问永远值得我敬重和学习。余老师严谨的治学精神永远值得我效仿和追随。无论在为人处事方面还是在研究学问方面,余老师对我的悉心教导我都会永志不忘。

感谢所有教育指导、关心帮助过我的各位领导、老师和同学。是他们真诚的教育指导、关心帮助使我学会了走路。不然我真不知道怎样去寻找学问之门。

感谢我的父母。养育之恩,终生难报。父母为了保障我读博和撰写论文而付出的辛苦令我刻骨铭心。

感谢我的丈夫和儿子。他们因为我的学习和写作所做的付出和牺牲使我深深感动。

人生的道路还要艰苦地走。学问的路无尽头。我将永远记住所有人的恩情,怀着一颗感恩之心,继续踏踏实实地学习做人和做学问,努力当好一名人民教师,以求回报社会、学校、家庭于万一。

图书在版编目(CIP)数据

交叉持股的作用机理及经济后果/陈其末著. —北京：社会科学文献出版社，2014.11
ISBN 978-7-5097-5928-8

Ⅰ.①交… Ⅱ.①陈 Ⅲ.①企业-股份制-研究 Ⅳ.①F276.6

中国版本图书馆 CIP 数据核字（2014）第 078364 号

交叉持股的作用机理及经济后果

著　者／陈其末

出　版　人／谢寿光
项目统筹／恽　薇
责任编辑／张景增　王莉莉

出　　版／社会科学文献出版社·经济与管理出版中心（010）59367226
　　　　　地址：北京市北三环中路甲29号院华龙大厦　邮编：100029
　　　　　网址：www.ssap.com.cn

发　　行／市场营销中心（010）59367081　59367090
　　　　　读者服务中心（010）59367028

印　　装／北京鹏润伟业印刷有限公司

规　　格／开　本：787mm×1092mm　1/16
　　　　　印　张：13　字　数：150 千字

版　　次／2014年11月第1版　2014年11月第1次印刷

书　　号／ISBN 978-7-5097-5928-8

定　　价／55.00元

本书如有破损、缺页、装订错误，请与本社读者服务中心联系更换

▲ 版权所有 翻印必究